唐宋史料筆記叢刊

仇池筆記校證

〔北宋〕蘇軾 撰
曾祥波 校證

中華書局

圖書在版編目(CIP)數據

仇池筆記校證/(北宋)蘇軾撰;曾祥波校證. —
北京:中華書局,2025. 9. —(唐宋史料筆記叢刊). —
ISBN 978-7-101-17336-9

Ⅰ. I242. 1

中國國家版本館 CIP 數據核字第 2025NU2668 號

責任編輯:胡　珂
封面設計:許麗娟
責任印製:韓馨雨

唐宋史料筆記叢刊
仇池筆記校證
〔北宋〕蘇　軾 撰
曾祥波 校證

*

中 華 書 局 出 版 發 行
(北京市豐臺區太平橋西里 38 號　100073)
http://www.zhbc.com.cn
E-mail:zhbc@zhbc.com.cn
北京新華印刷有限公司印刷

*

850×1168 毫米 1/32 · 9 印張 · 2 插頁 · 160 千字
2025 年 9 月第 1 版　2025 年 9 月第 1 次印刷
印數:1-5000 册　定價:48.00 元

ISBN 978-7-101-17336-9

目録

前言

蘇軾，字子瞻，眉州眉山（今四川眉山）人，宋仁宗景祐三年（一〇三七）生。嘉祐二年（一〇五七）進士，後對制策入三等。神宗熙寧變法中，與王安石新黨政見不合，外任杭州、密州等地。元豐二年（一〇七九）因「烏臺詩案」入獄，結案特貶黃州，在黃州期間自號「東坡居士」。元祐更化，被召還朝，歷任中書舍人、翰林學士知制誥、禮部尚書等，其間因舊黨内部分歧外任杭州。紹聖初，新黨起復，蘇軾又坐元祐黨籍歷謫惠州、儋州。建中靖國元年（一一〇一），以徽宗即位遇赦北還，歸途卒於常州。

蘇軾著述除了《易傳》《論語説》《書傳》三種經學著作之外，主要包括《東坡（前）集》四十卷、《後集》二十卷、《奏議》十五卷、《内制》十卷、《外制》三卷、《和陶詩》四卷（見蘇轍《欒城集》卷二十二《亡兄子瞻端明墓誌銘》），即所謂「東坡六集」。「六集」經蘇軾手定或寓目認可，是東坡著述流傳有緒、最爲可靠的文本。「六集」之後，出現了書賈編刊的「類編」「大全集」坊本，内容更豐富一些，但質量遠低於「六集」。在「六集」「大全集」兩種文本系統之外，還存在一批蘇軾著述文獻，可以分爲兩類：第一類如《南行集》《（坡）

〔岐〕梁集》《錢塘集》《超然集》《黄樓集》《眉山集》《武功集》《雪堂集》《黄岡小集》《仇池集》《毗陵集》《蘭臺集》《玉局集》《真一集》《岷精集》《掞庭集》《百斛明珠集》《海上老人集》等（見明代《重編東坡先生外集·序》），從題名看屬於一官一集、一地一集、一事一集的作者自定的即時性編撰方式，可能是「六集」的更早文獻源頭，今皆不存。第二類包括《應詔集》十卷（見《郡齋讀書志》衢本卷十九）、《東坡先生别集》三十二卷、《續别集》八卷（見《讀書附志》卷下）、《東坡遺編》（見明代《重編東坡先生外集·序》）、《東坡外集》等，從題名及現存内容看大約出於「六集」形成之後，屬於「六集」之外的蘇軾作品輯佚補編性質。「類編」「大全集」等坊本對「六集」的增補很可能就是以上述兩類文獻爲來源。這兩類文獻如今只有《東坡外集》通過明代《重編東坡先生外集》保存下來。

在上述蘇軾著述文獻之外，爲人熟知、與蘇軾有關的著述就是《仇池筆記》與《東坡志林》兩部筆記了。因爲初刊於紹興六年（一一三六）的曾慥《類説》收録了《仇池筆記》，故紹興六年是目前所知《仇池筆記》成書時間的下限，此時距離蘇軾去世的建中靖國元年不過三十年左右。從《仇池筆記》成書之後被引用、著録的情況來看，南宋以來公認此書内容基本出自蘇軾之手，成書則出自後人編纂，僅有個别條目存在羼入他人内容的情況。從《仇池筆記》的命名也能看出此書帶有紀念蘇軾的意味：蘇軾生前自藏的「仇池石」是他屢次拿來與「壺中九華」相提並論的奇石，見於《雙石》《湖口人李正臣蓄異石九峰玲瓏宛轉若窗櫺然予欲以百金買之與仇池石爲偶方南遷未暇也名之曰壺中九華且以詩記之》《予昔作壺中九華詩其後八年復過湖口則石已爲好事者取去乃和前韻以自解云》等詩篇。蘇軾去世的第二年，黄庭堅寫下《湖口人李正臣蓄異石九峰東坡先生名曰壺中九華并爲作詩後八年自海外歸湖口石已爲好事者所取乃和前篇以爲笑實建中靖國元年四月十六日明年當崇寧之元五月二十日庭堅繫舟湖口李正臣持此詩來石既不可復見東坡亦下世矣感歎不足因次前韻》，以蘇軾生前牽掛不已、終未獲有的奇石「壺中九華」比擬、悼念他。「壺中九華」既已散逸，與之並稱的「仇池石」最終歸山谷收藏。南宋理宗朝人趙希鵠《洞天清録》「東坡小有洞天」條記載：「東坡小有洞天，石下作一座子，座中藏香爐，引數竅正對巖岫間，每焚香則煙雲滿岫。今在豫章郡山谷家，其家珍重，嘗與告身同置一篋。」「小有洞天石」就是「仇池石」，語出杜甫《秦州雜詩二十首》其十四「萬古仇池穴，潛通小有(洞)天」。山谷後人將仇池石與山谷告身放置一處，極爲珍視，是將告身視爲山谷紀念，將仇池石視爲東坡化身紀念，這與山谷《壺中九華》詩以石喻人的思路一致。在這一背景下，聯繫《仇池筆記》成書時間緊接東坡去世之後不久，編纂者命名受到山谷悼念東坡詩以石喻人思路的啓發，昭然可見。至於爲什麼用「仇池」而不用「壺中九華」，一則因爲「仇池」屬於東坡所有之物，壺中九華只是東坡嚮往而未得之物；二則有可能受到山谷珍藏仇池石、視爲東坡化身事蹟的影響。在這個意義上，「仇池」等於東坡，《仇池筆記》只不過是《東坡筆記》的一種更「文雅」的「借喻」表述。

《仇池筆記》成書後隨即被曾慥《類説》收録，《類説》本遂成爲《仇池筆記》後來一切版本的源頭。《類説》的「文本系統」有兩種：一種是宋刻殘本三卷（今藏國家圖書館），其中兩卷爲《仇池筆記》七十條（另外一卷是《東軒雜録》二十七條、《隱齋閑覽》二十八條合爲一卷）。另外一種包括明鈔本、清鈔宋本五十卷與明刊本六十卷，二本卷帙不同，但内容基本一致，收録《仇池筆記》一百三十八條，比宋刻殘本多出六十八條。顯而易見，整理《仇池筆記》應使用包含全部一百三十八條的「文本系統」，即以明鈔本、清鈔宋本《類説》五十卷或明刊本《類説》六十卷爲底本。至於使用五十卷本還是六十卷本，還需要予以説明。明萬曆三十年（壬寅，一六〇二）趙開美以收録一百三十八條《仇池筆記》的《類説》明刊六十卷本爲底本刊行《仇池筆記》單行本，趙本成爲此後《仇池筆記》單行本的主要來源。《仇池筆記》兩種主要現代整理本，華東師範大學出版社一九八三年注本以趙本爲底本，大象出版社二〇〇八年《全宋筆記》點校本所據底本爲民國九年（一九二〇）涵芬樓鉛印本，涵芬樓本以《類説》明鈔本爲底本，於趙開美本有所訂正。趙本屬於《類説》

明刊六十卷本的後出版本，故以趙本爲底本其實並不妥當，今天整理至少應該直接以《類説》明刊六十卷本爲底本。然而經過校勘比對，發現《類説》六十卷本不如五十卷本。現存《類説》五十卷本有上海圖書館藏《類説》明鈔本、清鈔宋本五十卷全帙，國圖藏《類説》明鈔宋本五十卷殘帙（存卷五一一四、卷一九一二〇、卷二四一二七、卷三一一五〇共三十六卷）等。其中，上圖藏清鈔宋本較之上圖藏明鈔本、國圖藏明鈔本文字更佳。故本次整理以上圖藏《類説》清鈔宋本五十卷爲底本，這也是《仇池筆記》整理歷史上首次使用這一底本。另外，上圖藏《類説》清鈔宋本五十卷存在若干闕字，這些闕字據國圖藏宋刻殘本、國圖藏明鈔五十卷本、國圖藏明刻六十卷本補充。

此次對《仇池筆記》的整理除了重新選擇底本之外，更爲重要、也更具有實質性意義的是發現了具有蘇軾手稿性質的文本作爲校本，即上文提到的具有「六集」之外的蘇軾作品輯佚補編性質的《東坡外集》。對《東坡外集》的認識定位經歷了一個曲折過程，清代四庫館臣曾認爲《東坡外集》是僞書，此後學者們根據上呈於光宗紹熙二年（一一九一）《經進東坡文集事略》引用《外集》、成書於紹興四年至十七年之間的趙次公《杜詩趙次公先後解》引用《外集》等事實，將《東坡外集》成書時間下限逐次推到南宋初年，這就意味著《東坡外集》成書距離蘇軾去世及「六集」編成刊行不過約三十年。根據《東坡外集》編纂者自述「親跡出於先生孫子與凡當時故家者」,《外集》文本來源於東坡後人、友朋所藏手稿以及早期結集文獻,在宋人喜好搜集東坡佚文遺墨的風氣中早著先鞭,可靠性高。儘管宋本《東坡外集》今已佚,但明代毛九苞編《重編東坡先生外集》基本可以視爲宋本《東坡外集》原貌。原因在於:首先,《重編東坡先生外集》的底本焦竑鈔録秘閣本的源頭應該是宋本。其次,《重編東坡先生外集》的所謂「重編」其實只是明人重刊宋本的噱頭,並没有實質性的文本變動。第一是直接的證據,焦竑序説重編本遵循秘閣本原貌不變。第二是間接的證據,成書於萬曆三十四年(一六〇六)的茅維編《蘇文忠公全集》完整收録了《東坡外集》卷十一至八十五的所有内容,《重編東坡先生外集》刻於萬曆三十六年(一六〇八),因此茅維所用《東坡外集》還是未經重編的焦竑藏秘閣本。比對茅維編《蘇文忠公全集》與明刊《重編東坡先生外集》,二書在類目編次及内容上(尤其是與《仇池筆記》文本關係密切的「題跋」「雜記」部分)没有變化,説明毛九苞忠實於秘閣本未做改動。有必要指出,孔凡禮點校《蘇軾文集》以茅維編《蘇文忠公全集》爲底本,但没有意識到其中包含《東坡外集》的内容具有源頭意義,因此孔校《蘇軾文集》僅指出了《蘇文忠公全集》與《仇池筆記》共同文本的極少量字辭異文,全未涉及大量篇幅文字的重出、拼拆、删削等問題,另外還有大量條目漏校(即由於條目的標題不同,又未對内容做比對,因此未發現這些條目也出現在《仇池筆記》中）。當然，儘管茅維編《蘇文忠公全集》收録了包含《仇池筆記》内容的文字，但現在既然已經清楚《蘇文忠公全集》收録這些文字時就是以秘閣藏《東坡外集》爲底本，並且本次整理已經使用了《外集》進行對勘，就無須再使用後出的《蘇文忠公全集》校勘了。

釐清了以上種種文獻流變情況之後，將《仇池筆記》與《重編東坡先生外集》進行對勘，發現《仇池筆記》與《外集》内容相近條目共有一百二十四條，占《仇池筆記》全部一百三十八條的百分之九十，這一百二十四條的每一條都存在文本差異，可分爲重出、拼拆、異文三種情況。從「重出」情況可以看出，《外集》最大程度保留了東坡劄記隨筆的手稿原貌，因此才會出現將不同時期的手稿箋條不作區别、删汰，盡數編次在一起的情況，這一做法最大程度保存了手稿原貌，對於從不同層級的文本探求寫作思路的漸次推進很有幫助。從「拼拆」情況可以看出，《仇池筆記》顯然是從筆記類目分屬的編纂理念出發，將東坡手稿中本屬一體論述的内容分割爲若干條，然後又爲了掩飾拼拆痕跡，進一步加以删削處理，嚴重破壞了蘇軾著述本來面目。至於編纂抄寫過程中出現的「異文」更是不勝枚舉，試舉一例可見一斑：孔凡禮整理本以國圖藏《類説》宋刻殘本三卷、茅維編《蘇文忠公全集》、商濬萬曆刻本《東坡志林》爲校本，但全部異文校記僅二十二條，此次整理校勘所得異文接近千條，除去不影響意義理解的「非實質性異文」之外，造成關鍵意義理解闕失或分歧的「實質性異文」至少有數百條之多。順便還可以交代，《仇池筆記》若干篇目亦見於《東坡志林》，這些篇目亦可與《東坡志林》進行對勘，但這種校勘結果將呈現於本書的姊妹篇《東坡志林校證》，故在本書從略（僅必要時予以出校）。可以提前説明的是，兩種筆記重合篇目校勘的基本情況是《東坡志林》更符合《外集》文本，《仇池筆記》較之《東坡志林》省略更多——考慮到《東坡志林》成書與蘇軾的刻意著述《志林》一百篇（僅完成十三篇）有直接關係，因此《東坡志林》成書時間比起《仇池筆記》可能距離蘇軾更近一些，故而改動也相對小一些，這一校勘結果符合歷史線索與情理邏輯。

《仇池筆記》並非出於蘇軾本意的專書著述，而是蘇軾去世之後社會上好事者掇拾未被「六集」收入的蘇軾手稿文獻中記録逸聞、富於趣味、篇幅較短的文字，並加以删削編纂而成的筆記之作。蘇軾名滿天下，生前身後追隨崇拜者不絶，出現這種坊間編纂的托名之作並不奇怪。《東坡外集》文本「親跡出於先生孫子與凡當時故家者」，屬於「家集」系統，更好地保留了蘇軾著述本意。宋代之後，在《東坡外集》流傳不廣的情況下，《仇池筆記》以筆記體裁類型承載的「第二手」文本，爲傳播流布東坡逸文逸事發揮了較大的作用，功不可没；過去將《仇池筆記》作爲東坡逸文逸事的源頭文獻利用，客觀上確實受到文獻流布的歷史條件影響，可以理解。但是既然《仇池筆記》文本已經是經過改寫的「二手」文本，對作者意圖的保存遠遜於仍保留了手稿面貌的《東坡外集》，因此，完全有必要通過對勘整理的方式，將《仇池筆記》的「編者」文本還原爲蘇軾手稿文本原貌，以達到對「作者」本意最大程度的理解，還原一個「真實」的東坡。是非予奪當否，有請讀者判斷。

曾祥波

甲辰秋於京西

凡例

一，以上海圖書館藏《類説》清鈔宋本五十卷收録《仇池筆記》爲底本。闕字據國圖藏宋刻殘本、國圖藏明鈔五十卷本、國圖藏明刻六十卷本補，並在《校記》中説明。

二，以國家圖書館藏明萬曆三十六年康丕揚淮揚府署刻本《重編東坡先生外集》爲校本。

三，「校勘」採用兩種方式：（一）針對《仇池筆記》文本從手稿到筆記體重編過程中出現的「篇章分合」情況，在《仇池筆記》原條目下列出《外集》條目全文，以免瑣碎。（二）針對從手稿到筆記體重編過程中出現的「字句異文」情況，作逐字異文校勘。校記首條標明《外集》相似内容所在卷帙，其餘各條省略卷帙出處。

四，「考證」或説明篇章内容分合對理解東坡著述本意的影響，或針對造成關鍵性意義理解分歧的「實質性異文」加以分析。

五，「附録」三種，包括：（一）以《類説》明刊六十卷本所收《仇池筆記》爲底本的明萬曆三十年趙開美刊本是《仇池筆記》單行本的主要源頭，故收入趙開美刊本《序》，以及夏敬觀爲近代流傳最廣、以《類説》明鈔本爲底本、以趙開美刊本爲校本的民國九年坡志林〉篇目對應表》，方便尋繹。（三）《〈仇池筆記〉的成書來源及其價值——以明刊〈重編東坡先生外集〉爲切入點》（原刊於《文學遺産》二〇二二年第二期），以助理解。

（一九二〇）涵芬樓鉛印本所作《跋》。（二）《〈仇池筆記〉與〈重編東坡先生外集〉〈東

卷上

1 論文選〔一〕

舟中讀《文選》，恨其編次無法，去取失當。〔二〕齊、梁文字衰陋，〔三〕蕭統尤爲卑弱，〔四〕如李陵五言皆僞。〔五〕今觀《陶淵明集》，〔六〕可喜者甚多，〔七〕而獨取數篇。〔八〕淵明作《閑情賦》，〔九〕正所謂《國風》好色而不淫，正使不及《周南》，與屈原所陳何異？〔一〇〕而統大譏之，〔一一〕此小兒强解事也。〔一二〕

校記

〔一〕《外集》卷四十一「題跋·詩詞」題作「題文選」。

〔二〕「失當」，《外集》作「無當」。

〔三〕「文字」，《外集》作「文章」。

〔四〕「統」字原闕，據宋刻本、明刻六十卷本補。《外集》在句末多「文選引斯可見矣」，句首多「而」字。

〔五〕此句《外集》作「如李陵蘇武五言皆僞而不能去」。

〔六〕此句《外集》作「觀淵明集」。

〔七〕「可喜」，《外集》作「可嘉」。

〔八〕此句《外集》作「而獨取數首以知其餘人忽遺者甚多矣」。

〔九〕《外集》無「作」字。

〔一〇〕「屈原」，《外集》作「屈宋」。

〔一一〕「大」，《外集》作「乃」。

〔一二〕此句《外集》作「此乃小兒强作解事者」。又，《外集》於篇末多「元豐七年六月十一日書」。

考證

《重編東坡先生外集》（簡稱《外集》）與《仇池筆記》異文頗多，最重要者有二：第一，《仇池筆記》題作「論文選」，《外集》題作「題文選」，可見此條爲東坡讀《文選》而信筆題於書中，而非正式專論。這一書寫情境還可參看第六條異文，《仇池筆記》作「今觀《陶淵明集》」，《外集》作「觀淵明集」，試想此則文字是東坡讀《文選》有感而書，如稱「今觀《陶淵明集》」，則是讀陶而非讀

《文選》，於理不合。《外集》稱「觀淵明集」，正可見東坡不過是因讀《文選》而推想陶集，「今」字是《仇池筆記》編纂者妄添。《仇池筆記》宋刻本、明刻六十卷本至將「今」衍作「今日」，更坐實爲讀陶集，尤謬。

第二，《外集》篇末多「元豐七年六月十一日書」。元豐七年四月，蘇軾結束了四年黄州貶謫生涯，量移汝州。一路上訪蘇轍，遊廬山，出九江，六月初乘船送兒子蘇邁至湖口，即將過彭澤。所到之處皆與陶淵明行跡有關，因此讀《文選》而想及陶之詩文，正在情理之中。另外，「元豐七年六月十一日書」之「書」，恰可與「題《文選》」之「題」呼應，《仇池筆記》的「論」顯然就不合適了。

2 三殤〔一〕

李善注《文選》本末詳備，〔二〕所謂五臣者，真俚儒荒陋者也。〔三〕謝《張子房詩》云：〔四〕「苛慝暴三殤。」此《禮》所謂上中下三殤，〔五〕言秦無道，戮及幼稺。〔六〕而注乃引「苛政猛於虎，吾父、吾夫、吾子皆死」，〔七〕謂夫、謂父爲殤。〔八〕此類甚多。〔九〕

校記

〔一〕《外集》卷四十一「題跋・詩詞」題作「書謝瞻詩」。

〔二〕《外集》「備」下有「極可喜」三字。

〔三〕「俚儒荒陋」，《外集》作「俚儒之荒陋」，且句末多「而世以爲勝善亦謬矣」。

〔四〕此句《外集》作「謝瞻張子房詩曰」。

〔五〕《外集》無「此禮所」三字。

〔六〕此句《外集》作「言暴秦無道戮及孥稚也」。

〔七〕此句《外集》作「而乃引苛政猛於虎吾父吾子吾夫皆死於是」。

〔八〕此句句末《外集》多「此非俚儒之荒陋者乎」。

〔九〕此句《外集》作「語如此甚多」，句末多「不足言故不言也」。

考證

《外集》與《仇池筆記》異文重要者有二：

第一，《外集》題作「書謝瞻詩」，符合東坡手稿「題跋」類的書寫習慣。《仇池筆記》題作「三殤」，表現出筆記編纂突出條目内容的意圖。

第二，《外集》在「所謂五臣者，真俚儒之荒陋者也」之後多出「而世以爲勝，善亦謬矣」一句，説明東坡不但鄙夷五臣注，而且指出李善注也有錯誤。考《文選》卷二十一《張子房詩》「苛慝暴三殤」李善注曰：「《禮記》曰：孔子過泰山側，婦人哭於墓者而哀，夫子式而聽之，使子貢問之，曰：『子之哭也，一似重有憂者。』而曰：『然。昔者吾舅死於虎，吾夫又死焉，今吾子又死焉。』夫子曰：『何不去也？』曰：『無苛政。』夫子曰：『小子識之，苛政猛於虎也。』」此處李善注與五臣注之李周翰注同誤，故同爲東坡所指斥，是以有「善亦謬矣」之嘆。《仇池筆記》缺少這一句，極易誤導讀者以爲東坡僅鄙夷五臣注俚儒荒陋，難以注意東坡進一步對李善注疏漏的揭櫫。

3 日月蝕〔一〕

玉川子《月蝕》詩，〔二〕以食月者月中蝦蟆也。〔三〕梅聖俞作《日蝕》詩云：「食日者，三足烏也。」此因俚說以寓意也。〔四〕《戰國策》：〔五〕「日月輝於外，〔六〕其賊在內。」則俚說亦當矣。

校記

〔一〕《外集》卷四十二「題跋·詩詞」題作「書日月蝕詩」。

〔二〕《外集》「子」字下有「作」字。

〔三〕此句《外集》作「以爲蝕月者月中之蝦蟆也」。

〔四〕《外集》「因」上有「固」字。「寓意」，《外集》作「寓其意」。

〔五〕《外集》「策」下有「曰」字。

〔六〕「輝」，《外集》作「暉」。

考證

《外集》與《仇池筆記》異文重要者在題目，《外集》作「書日月蝕詩」，《仇池筆記》作「日月蝕」，體現出手稿「題跋」書寫習慣與筆記編纂突出條目内容的區别。

4 中宮太一〔一〕

杜子美詩曰：「自平中宮呂太一。」〔二〕世不曉其義，而妄者以爲唐有平中宮。〔三〕偶讀《玄宗實録》，有中宮太一叛於廣南。〔四〕杜詩云「自平中宮呂太一」，〔五〕下文有南海取珠之句。〔六〕見書不廣，輕改文字，〔七〕鮮不爲笑。

校記

〔一〕《外集》卷四十二「題跋・詩詞」題作「書子美自平詩」。

〔二〕「中宫」，《外集》作「宫中」。下同。

〔三〕「以爲唐有平中宫」，《外集》作「至以唐時有自平宫」。

〔四〕《外集》「太」上有「吕」字。

〔五〕「云」，《外集》作「蓋云」。

〔六〕此句《外集》作「故下有取珠之句」。

〔七〕此句《外集》作「而以意改文字」。

考證

《外集》與《仇池筆記》異文重要者在題目有異，説同上條。

5 八陣圖詩〔一〕

予嘗夢杜子美云：〔二〕「世人誤會《八陣圖》詩『江流石不轉，遺恨失吞吴』，〔三〕世人以爲先主、武侯欲與關羽復仇，〔四〕故恨不滅吴，〔五〕非也。我意本爲吴、蜀脣齒之，〔六〕不

當相圖，晉能取蜀者，〔七〕以蜀有吞吴之意，此爲恨耳。」〔八〕

校記

〔一〕《外集》卷四十二「題跋·詩詞」題作「記子美八（陣）圖詩」。

〔二〕此句《外集》作「僕嘗夢見一人云是杜子美謂僕」。

〔三〕「世人誤會八陣圖詩」，《外集》作「世多誤會予詩八陣圖云」。

〔四〕「世人以爲」，《外集》作「世人皆以謂」。

〔五〕「恨不」，《外集》作「恨不能」。

〔六〕「本爲吴蜀脣齒之」，《外集》作「本謂吴蜀脣齒之國」。

〔七〕此句《外集》作「晉之所以能取蜀者」。

〔八〕篇末《外集》多「此理甚近然子美死近四百年猶不忘詩區區自明其意者此真書生習氣也」。

考證

《外集》與《仇池筆記》異文重要者有二：

第一，題目不同，説同以上諸條。

第二，篇末《外集》多「此理甚近。然子美死近四百年，猶不忘詩，區區自明其意者，此真書生習氣也」數句。按，東坡所謂「夢見」者，不過神化其事，借作者之權威，以傳達自身讀詩新見爾。《外集》多出文字貌似揶揄子美，意在坐實其夢之真，頗能見出東坡行文之狡黠跌宕。

6 不忮之誠信於異類

予少時書堂前，竹柏雜花，衆鳥巢其上。武陽君惡殺生，戒婢僕不得捕取。數年間，鳥有巢於低枝，其鷇可俯而窺也。此無他，不忮之誠信於異類。

校記

《外集》卷六十二「雜記」之「記先夫人不殘鳥雀」條：「少時所居書堂前，有竹柏雜花叢生滿庭，衆鳥巢其上。武陽君惡殺生，兒童婢僕皆不得捕取鳥雀。數年間，皆巢於低枝，其鷇可俯而窺。又有桐花鳳四五，日翔集其間，此鳥羽毛至爲珍異難見，而能馴擾，殊不畏人。閭里間見之，以爲異事。此無他，不忮之誠信於異類也。有野老言：『鳥雀巢去人太遠，則其子有蛇、鼠、狐狸、鴟鳶之憂。人既不殺，則自近人者，欲免此患也。』由是觀之，異時鳥雀巢不敢近人者，以人爲甚於蛇鼠之類也。苛政猛於虎，信哉！」

考證

《仇池筆記》僅選取了手稿中對異事事實部分的記載，是出於筆記體裁偏重好奇的撰述習慣。《外集》文本保留的手稿其他部分包含了東坡進一步想要闡發的主旨，以及這一主旨指向的現實因素。按，蘇軾《上神宗皇帝書》（明成化本「東坡七集」之《續集》卷十一）稱：「驅鷹犬而赴林藪，語人曰『我非獵也』，不如放鷹犬而獸自馴。操網罟而入江海，語人曰『我非漁也』，不如捐網罟而人自信。故臣以爲去讒慝以召和氣，復人心而安國本，則莫若罷制置三司條例司。」關於「鷹犬網罟」的比喻，思路正與「不忮之誠信於異類」同一機杼。比喻的最終指向是「罷制置三司條例司」，就將「不忮之誠」引申到「苛政猛於虎」。如果没有《外集》保留的其他部分文本，就難以體會東坡是針對熙寧新法所發的議論。另外，忮謂違逆，不忮之誠即不違背事物的本性，舊黨指斥王安石的説辭之一就是這位「拗相公」的舉動違背人性，如《邵氏聞見録》所載《辨奸論》指斥王安石爲「面垢不忘洗，衣垢不忘澣，此人之至情也。今也不然，衣夷狄之衣，食犬彘之食，囚首喪面而談詩書，此豈其情也哉？凡事之不近人情者，鮮不爲大奸慝」云云。《辨奸論》是否爲蘇洵所作，迄無定論，但其文表達了舊黨較爲普遍的輿論，具有所謂「通性之真實」。即使此文出於僞託，那麼它在表述普遍輿論傾向之時，是否受到如《外集》所載「記先夫人不殘鳥雀」條等三蘇文字的啓發，亦值得注意。

7 陽關三疊〔一〕

舊傳《陽關三疊》，今歌者每句再疊而已。〔二〕若通一首，〔三〕又是四疊，皆非是。若每句三唱以應三疊，〔四〕則叢然無復節奏。有文勛者，〔五〕得古本《陽關》，〔六〕每句皆再唱，而第一句不疊，乃知唐本三疊如此。〔七〕樂天詩云：〔八〕「相逢且莫推辭醉，聽唱《陽關》第四聲。」「勸君更盡一杯酒。」〔九〕以此驗之，若一句再疊，〔一〇〕則此句爲第五聲。今爲第四，〔一一〕則一句不疊，〔一二〕審矣。

校記

〔一〕《外集》卷四十一「題跋・詩詞」題作「記陽關第四聲」。

〔二〕「今歌者」，《外集》作「然今歌者」。

〔三〕此句《外集》作「通一首言之」。

〔四〕此句《外集》作「或每語三唱以應三疊之説」。

〔五〕此句《外集》作「余在密州有文勛長官以事至密」。

〔六〕「得」,《外集》作「自云得」,後多「其聲宛轉淒斷不類向之所聞」。

〔七〕「如此」,《外集》作「蓋如此」。

〔八〕此句《外集》作「及在黄州偶讀樂天對酒詩云」。

〔九〕此句《外集》作「注第四聲勸君更盡一杯酒」。

〔一〇〕此句《外集》作「若第一句疊」。

〔一一〕「第四」,《外集》作「第四聲」。

〔一二〕「一句」,《外集》作「第一」。

考證

《外集》與《仇池筆記》異文重要者有三:

第一,出於《外集》的第五條異文指出文勛所言古本《陽關》事發生在密州時期。

第二,出於《外集》的第八條異文説明以樂天《對酒》詩驗證古本《陽關》事發生在黄州。結合兩則異文,可知東坡對於《陽關》三疊問題的思考經過了一個較長時間,此條寫作可能就在黄州時期,《仇池筆記》文本没有提供這些重要信息。

第三,出自《外集》的第九條異文使得意義表達更清楚,自不待言。進而言之,還可以推想手稿的「『相逢且莫推辭醉,聽唱陽關第四聲。』注:第四聲『勸君更盡一杯酒』」,是怎麽會誤寫爲晦澀的「『相逢且莫推辭醉，聽唱陽關第四聲。』『勸君更盡一杯酒』」？首先，很可能「注：第四聲『勸君更盡一杯酒』」的「注」字在手稿中並未實寫，只是以小字或「旁行」的方式書寫「第四聲『勸君更盡一杯酒』」以形成注文的格式，因此不必再標明「注」字。其次，在這一情形下，「第四聲」三字出現在正文末尾與注文開端，形成重複且相連的形態（即「第四聲」「第四聲」），故而後面的「第四聲」三字很可能在手稿中也未實寫，而以虛點符號的簡寫形式表示（如「第四聲」「～～～」），在進入筆記的後來編纂中「～～～」因爲並非實字而被忽略，就形成了清鈔宋本《類説》保留的樣貌。

8 磨蝎爲身宮〔一〕

韓退之詩云：〔二〕「我生之辰，月宿直斗。」乃知退之磨蝎爲身宮，〔三〕僕以磨蝎爲命宮，〔四〕平生多得謗譽，殆同病也。〔五〕

校記

〔一〕《外集》卷四十二「題跋・詩詞」題作「書退之詩」其二。

〔二〕「韓退之」，《外集》作「退之」。

〔三〕「退之磨蝎」，《外集》作「退之得磨蝎」。
〔四〕此句《外集》作「而僕乃以磨蝎爲命」。
〔五〕「同病」，《外集》作「是同病」。

考證

此則亦見於《東坡志林》。《外集》與《仇池筆記》異文重要者爲第一條，體現出手稿「題跋」書寫習慣與筆記編纂突出條目内容的區别。

9 治目治齒

張文潛曰：「治目忌點洗。目有病，當存之，齒有病，當去之。治目如治民，治齒如治軍。治民如曹參之治齊，治軍如商鞅之治秦。」

校記

《外集》卷六十「雜記·醫藥」之「目忌點洗説」條：「前日與歐陽叔弼、晁無咎、張文潛同在戒壇。余病目昏，數以熱水洗之。潛云：『目忌點洗。目有病，當存之，齒有病，當勞之，不可同也。治目當如治民，治齒當如治軍，治民當如曹參之治齊，治軍當如商鞅之治秦。』此頗有理，退而記之。」

《東坡志林》五卷本卷一「治眼齒」條（明萬曆趙開美刻本）：「歲日與歐陽叔弼、晁無咎、張文潛同在戒壇。余病目昏，數以熱水洗之。文潛曰：『目忌點洗。目有病，當存之，齒有病，當勞之，不可同也。（又記魯直語云：眼惡剔決，齒便漱潔。）治目當如治民，治齒當如治軍，治民當如曹參之治齊，治軍當如商鞅之治秦。』頗有理，故追録之。」

考證

此則亦見於《東坡志林》。

《外集》與《仇池筆記》重要異文在於，《外集》載寫作時地爲「前日與歐陽叔弼、晁無咎、張文潛同在戒壇……退而記之」，考歐陽棐、晁補之、張耒於元祐初同在汴京（見畢仲游《西臺集》卷六《歐陽叔弼傳》載：「東坡蘇子瞻在翰林，亦多以内表章屬叔弼甫代之……哲宗即位，爲祕書省著作郎，充修實録檢討。」又，蘇軾《書黄泥坂詞後》云：「前夜與黄魯直、張文潛、晁無咎夜坐……元祐元年十一月二十一日」），可見此則文字作於元祐元年（一〇八六）。《仇池筆記》全失其寫作時地線索。

《外集》與《東坡志林》的重要異文在於，《東坡志林》較之《外集》多出「又記魯直語云：眼惡剔決，齒便漱潔」一句，當是筆記編纂者牽扯綴入。按，今存《志林》各本皆作雙行夾注，可證非東坡親筆，而是後來添加。

又，《外集》卷六十二「雜記」之「記張文潛語」條載：「『眼惡點濯，齒便漱琢。治眼當如治民，治齒當如治軍。治民如曹參之治齊，治軍如商鞅之治秦。』此張文潛之言也，而僕喜書之。戊寅三月二十二日儋州開元寺書。（苞按：重出。）」可見蘇軾對張耒此語印象極深，至十二年後即元符元年（戊寅，一〇九八）身在儋州時猶能記而書壁。東坡甫至儋州，提筆書此，遥想元祐初年舊黨起復、齊聚朝堂之盛況，胸中當有今昔興衰之感也。

10 老子解〔一〕

子由寄《老子新解》。〔二〕使戰國時有此書，則無商鞅、韓非。使漢初有此書，則孔、老爲一。晉、宋間有此書，則佛、老不爲二。〔三〕

校記

〔一〕《外集》卷四十「題跋·雜文」題作「跋子由老子解後」。

〔二〕此句《外集》作「昨日子由寄老子新解讀之不盡卷廢卷而嘆」。

〔三〕文末《外集》多「不意老年見此特奇」。

考證

《外集》與《仇池筆記》異文重要者爲第三條「不意老年見此特奇」。按，宋人孫汝聽《蘇潁濱年表》(見《宋人所撰三蘇年譜彙刊》)載：「晚在海康，刊定舊解《老子》，寄子瞻。子瞻題其後曰云云。」所載子瞻題辭文字，與《外集》全同。二蘇南遷同行，於紹聖四年(一〇九七)分手，東坡渡海，子由往雷州。雷州舊爲海康郡，故云「在海康」。蘇轍寄《老子解》與東坡，當在分手後的元符元年至三年(一一〇〇)間，其時距東坡去世的建中靖國元年(一一〇一)不過數年，故東坡自稱「老年」。東坡在新舊黨争中持論較爲平允，元祐初支持免役法可見其不以黨派偏向論事的立場，讀《老子解》有「爲一不爲二」之嘆，頗能見出東坡勘破黨争多無謂意氣之論的心態。

11 三豪詩〔一〕

石介作《三豪》詩云：〔二〕「曼卿豪於詩，永叔豪於史，〔三〕杜默師豪於歌。」〔四〕永叔亦贈默詩云：〔五〕「贈之《三豪》篇，而我濫一名。」默歌少見於世，〔六〕有云「學海波中老龍，夫子門前大蟲」，皆此類語。〔七〕永叔不誚者，〔八〕此公惡争名，且爲介諱也。默豪氣，〔九〕正是京東學究飲私酒，〔一〇〕食瘴死牛肉，醉飽後所發也。作氣狂怪，〔一一〕至盧仝、馬異極矣。

若更求奇，便作杜默矣。

校記

〔一〕《外集》卷四十四「題跋・詩詞」題作「評杜默詩」。

〔二〕「云」，《外集》作「略云」。

〔三〕「史」，《外集》作「文」。

〔四〕「師」，宋刻本作「師雄」，是。此句《外集》作「杜默字師雄者豪於歌也」。

〔五〕《外集》無「詩」字。

〔六〕此句《外集》作「默之歌少見於世初不知之後聞其篇」。

〔七〕此句《外集》句首無「有」字。「皆此類語」，《外集》作「皆此等語甚矣介之無識也」。

〔八〕此句《外集》作「永叔不欲嘲笑之者」。

〔九〕「默豪氣」，《外集》作「吾觀杜默豪氣」。

〔一〇〕「京東」，《外集》作「東京」。

〔一一〕「作氣」，《外集》作「作詩」。

考證

《外集》與《仇池筆記》異文重要者爲第七條「介之無識也」，可以指明歐陽修不欲嘲笑的對象除了杜默，還有石介。按，歐陽修與石介既是慶曆新政中的同道中人，又存在不小分歧，分歧表現在文學與政治兩方面：文學上，歐陽修所反對的「太學體」與石介關係很大。在「太學體」興起之初的景祐二年（一〇三五），歐陽修就曾告誡石介：「然有自許太高，詆時太過，其論若未深究其源者，此事有本末，不可卒然語，須相見乃能盡……今足下端然居乎學舍，以教人爲師，而反率然以自異，顧學者何所法哉？不幸學者皆從而效之，足下又果爲獨異乎？今不急止，則懼他日有責後生之好怪者，推其事，罪以奉歸。此修所以爲憂而敢告也。」（見《歐陽文忠公集》之《居士外集》卷十六《與石推官第一書》）但石介並不領情，認爲歐陽修並不了解他的苦心孤詣：「書中言自許太高，詆時太過，其論若未深究其源。此則自蔽塞，自有所未見也……凡世之佛、老、楊億云者，僕不惟不爲，且常力擯斥之，天下爲而獨不爲，天下不爲而獨爲，茲是僕有異乎衆者，然亦非特爲取高於人，道適當然也……永叔待我淺，不知我深，故略辨之云。」（見《徂徠石先生文集》卷十五《答歐陽永叔書》）結果到了慶曆六年（一〇四六），權同知禮部貢舉張方平上奏就直接點名指出石介與「太學體」的關係：「自景祐元年，有以變體而擢高第者，後進傳效，因是以習。爾來文格日失其舊，各出新意，相勝爲奇。至太學之建，直講石介課諸生試所業，因其所好尚而遂成風。以怪誕詆訕爲高，以流蕩猥煩爲贍，逾越規矩，或誤後學。朝廷惡其然也，故下詔書丁寧誡勵，而學者樂於放逸，罕能自還。今貢院考試諸進士，太學新體間復有之。」（見《張方平集》卷二十《貢院請誡勵天下舉人文章》）石介的文風是其性格與處世態度的反映，這種浮誇的性格作風也表現在政治事務上。慶曆三年（一〇四三）政治革新的帷幕開啓，石介就作《慶曆聖德頌》稱「大奸之去，如距斯脱」，直接指斥夏竦、吕夷簡等守舊派。范仲淹、韓琦見此文後，「范拊股謂韓曰：『爲此怪鬼輩壞之也！』韓曰：『天下事不可如此，必壞！』」（見袁褧《楓窗小牘》）歐陽修應該與范、韓態度一致。次年，夏竦借石介作奏記促使富弼行伊周之事爲由，稱革新派有廢立之意，遂使范仲淹、富弼爲避禍自請離朝（見《續資治通鑑長編》卷一百五十仁宗慶曆四年六月壬子條），實際上宣告了慶曆新政的結束。新政的失敗，與對手找到石介浮誇文風作爲突破口不無關係。——對於這些情況，蘇軾可能通過親歷者歐陽修晚年的回憶有所了解，因此才有這種深諳内情的評論。

12 萬花會〔一〕

揚州芍藥爲天下冠。蔡京爲守，〔二〕始作萬花會，用花十餘萬枝。既困諸邑，〔三〕吏緣爲姦，〔四〕予首罷之。〔五〕萬花本洛師故事，〔六〕亦爲民害。〔七〕錢惟演作留守，〔八〕始置驛貢洛花，〔九〕有識鄙之。〔一〇〕此宮妾愛君之意也。〔一一〕

校記

〔一〕《外集》卷五十六「雜記・人物」題作「以樂害民」。

〔二〕「蔡京」,《外集》作「蔡延慶」。

〔三〕此句《外集》作「既殘諸園」。

〔四〕此句《外集》作「又吏因緣爲姦」,句末多「民大病之」。

〔五〕此句《外集》作「予始至問民疾苦遂首罷之」。

〔六〕此句《外集》作「萬花會本洛陽故事」。

〔七〕此句《外集》作「而人效之以笑樂爲窮民之害意洛陽之會亦必爲民害也會當有罷之者」。

〔八〕「作留守」,《外集》作「爲洛守」。

〔九〕「洛花」,《外集》作「花」。

〔一〇〕「有識」,《外集》作「識者」。

〔一一〕文末《外集》多「蔡君謨始加法造小團茶貢之富彦國曰君謨乃爲此耶」。

考證

《外集》與《仇池筆記》異文重要者有二:

第一,異文第二條「蔡京」《外集》作「蔡延慶」。按,蔡京曾於元祐四年(一〇八九)知揚州,蘇軾後於元祐七年（一〇九二）知揚州，正符合文中描述。蔡延慶《宋史》卷二百八十六有傳，其人主要任職於西北、西南邊地，没有揚州任職經歷，元祐五年（一〇九〇）卒於吏部侍郎任上。故應以「蔡京」爲是。那麽爲何《外集》會寫作「蔡延慶」？蔡延慶實有其人，名氣不大，字形與蔡京相去甚遠，很難理解爲刊刻之誤。考《外集》成書於蘇軾去世後不久、文禁尚未加强的宣和年間（一一一九—一一二五）之前，此時正是蔡京（一〇四七—一一二六）及其家族權勢極盛之際，故改東坡手稿「蔡京」爲「蔡延慶」，當是東坡後人編纂《外集》時所爲，以免觸怒蔡京家族。

第二，異文第十一條多出蔡君謨貢小團茶之事。按，歐陽修《歸田録》卷二載：「慶曆中，蔡君謨爲福建路轉運使，始造小片龍茶以進，其品絶精，謂之小團，凡二十餅重一斤，其價直金二兩。然金可有而茶不可得，每因南郊致齋，中書、樞密院各賜一餅，四人分之。宫人往往鏤金花於其上，蓋其貴重如此。」其中並無批評蔡襄之語。紹聖二年（一〇九五）蘇軾在惠州作《荔枝嘆》（「東坡七集」《後集》卷五），篇末自注：「洛陽貢花自錢惟演始。大小龍茶始於丁晉公，而成於君謨。歐陽永叔聞君謨進小龍團，驚嘆曰：『君謨士人也，何至作此事！』今年閩中監司乞進鬥茶，許之。」與此則文字相似。可以推想，蘇軾曾聽聞歐陽修談及對蔡襄貢茶的批評。四庫館臣作《茶録提要》稱：「費衮《梁谿漫志》載有陳東此書跋曰：余聞之先生長者，君謨初爲閩漕，出意造密雲小團爲貢物。富鄭公聞之，嘆曰：『此僕妾愛其主之事耳，不意君謨亦復爲此！』余時爲兒，聞此語亦知感慕……東所述富弼之言，未免操之已蹙。《群芳譜》亦載是語，而以爲出自歐陽修。觀修所作《龍茶録》後序，即述襄造小團茶事，無一貶詞，知其語出於依託，安知富弼之言不出依託耶？此殆皆因蘇軾詩中有『前丁後蔡』『致養口體』之語，而附會其説，非事實也。」四庫館臣以爲歐陽修於蔡襄貢茶事無貶詞，此説可以概括《歸田録》文字，然不足以駁斥東坡親炙歐陽修之語。東坡記此事於手稿，並非爲《荔枝嘆》而作，且手稿言富弼而非歐陽修，亦與自注稱歐陽修不同，四庫館臣推論陳東因蘇詩自注稱歐陽修進而附會爲富弼之説，不能成立。四庫館臣妄生「富弼責讓蔡襄貢茶」真僞一樁公案，蓋因不明《外集》文本來源爲東坡手稿，以《外集》爲明人僞造之書（詳見《四庫全書總目·東坡外集提要》）。

13 弄胡孫

陳敦云：「胡孫作人服，折旋俯仰中度，細視之，其相侮慢也。甚矣！人言弄胡孫，不知爲胡孫所弄。」此言頗有理。

校記

《外集》卷五十六「雜記·人物」之「黄寔言高麗通北虜」條：「見泗倅陳敦固道言：『胡孫作人服，折旋俯仰中度，細觀之，其侮慢也。甚矣！人言弄胡孫，不知爲胡孫所弄。』其言頗有理，故爲記之。」

又見淮南提舉黄寔言：『奉使高麗人言：所致贈作有假金銀鋌，夷人皆拆壞，使露胎素。使者甚不樂。夷云：非敢慢，恐北虜有覘者，以爲真爾。由是觀之，高麗所得吾賜物，北虜蓋分之矣。而或者不察，謂北虜不知高麗朝我，或以爲異時可使牽制北虜，豈不悞哉！』今日又見三佛齊朝貢者所過，官吏妓樂紛然郊外，而椎髻獸面睢盱舡中。遂記胡孫弄人語良有理，故并書之。」

考證

《外集》所載文本内容豐富，遠非《仇池筆記》所能及，可知蘇軾所謂胡孫指契丹與高麗，是以外邦爲夷狄的傳統觀念。又，四川大學編《蘇軾全集校注》（河北人民出版社，二〇一〇年）據以《外集》爲底本之一的明代茅維編《蘇文忠公全集》收録，繫年於元豐七年十二月至元豐八年正月之間，是蘇軾離黄州赴汝州時經過泗州所作，與文中提到的黄寔仕宦經歷相合（見《説郛》卷四十九載曾紆《南遊記舊》），可以參考。又，此則亦見《東坡志林》五卷本卷三「高麗」條，與《外集》文本大致相同。

14 治大風方〔一〕

王斿元龍云：〔二〕「錢子飛有治大風方，極驗，常以施人。一日，夢人云：『天使此病人，〔三〕君違天怒，〔四〕若施不已，君當得此病，藥不能救。』子飛懼，遂不施。」僕以謂天之所病，〔五〕不可療耶，則藥不應有效。〔六〕藥有效者，則是天不能病。當是病之祟畏是藥，而假天以禁人耳。〔七〕子飛不察，爲鬼所脅。予則不然，〔八〕若病者得愈，〔九〕願代受其苦。家有此方，〔一〇〕能下腹中穢惡，〔一一〕今當常以施人。

校記

〔一〕《外集》卷六十「雜記·醫藥」題作「錢子飛施藥」。

〔二〕「斿」原作「游」，據宋刻本改。

〔三〕此句《外集》作「天使已以此病人」。

〔四〕「違」「怒」二字原闕，據宋刻本補。

〔五〕「以謂」，《外集》作「以爲」。

〔六〕「有效」，《外集》作「復有效」。

〔七〕《外集》無「而」字，句末多「晉侯之病爲二豎子李子豫赤丸亦先見於夢蓋有或使之者」。

〔八〕「予」，《外集》作「若余」。

〔九〕「若」，《外集》作「苟」。

〔一〇〕「此」字原闕，據宋刻本補。此句《外集》作「家有此方以傅皮膚」。

〔一二〕句末《外集》多「在黄州試之病良已」。

考證

《外集》與《仇池筆記》異文重要者有三：

第一，《外集》題作「錢子飛施藥」，較《仇池筆記》題作「治大風方」更爲合理，原因是此文重點談施藥態度。這一點與《東坡志林》五卷本卷三收録相同内容題作「王元龍治大風方」相比較尤爲明顯，《東坡志林》的題目顯然錯誤，因爲治大風方是錢子飛所有，王元龍只是談論此事者。《東坡志林》的錯誤，顯然受到「治大風方」這一標題的影響。所以，標題的變化軌跡鏈條是：「錢子飛施藥」（《外集》）——「治大風方」（《仇池筆記》）——「王元龍治大風方」（《東坡志林》）。

第二，異文第五條《外集》句末多「晉侯之病爲二豎子，李子豫赤丸，亦先見於夢，蓋有或使之者」，東坡引用了《左傳·成公十年》載晉景公病卒事，以及《搜神後記》記載：「李子豫，少善醫方，當代稱其通靈。許永爲豫州刺史，鎮歷陽。其弟得病，心腹疼痛十餘年，殆死。忽一夜，聞屏風後有鬼謂腹中鬼曰：『何不速殺之。不然，李子豫當從此過。以赤丸打汝，汝其死矣。』腹中鬼對曰：『吾不畏之。』及旦，許永遂使人候子豫，果來。未入門，病者自聞中有呻吟聲。及子豫入視，曰：『鬼病也。』遂於巾箱中出八毒赤丸子與服之。須臾，腹中雷鳴鼓轉，大痢數行，遂差。今八毒丸方是也。」内容更加豐富。

第三，異文第十一條《外集》多「在黄州試之，病良已」，可以説明此則文字寫作時間在黄州之後。

考東坡《和王斿二首》云「遲留歲暮江淮上，來往君家伯仲間」（載「東坡七集」《前集》卷十四），作於元豐七年（一〇八四）歲末自黄州赴汝州途經高郵後、將至泗州之際，正與此合。另外，此則與上則「弄胡孫」當爲一時先後所作，《外集》編纂東坡手稿時，將題跋雜文按照類别（如「人物」「醫藥」等）重新編次，已經失去了手稿依照時間累積放置的順序，《仇池筆記》同樣來自東坡手稿，雖然它也經過了筆記編纂者的二次加工，但不太講究類别區分，因此這兩則文字編次還基本保留了手稿順序。

15 酒名〔一〕

退之詩云：〔二〕「且可勤買拋青春。」〔三〕《國史補》云：「酒有郢之富水，〔四〕烏程之若下，〔五〕滎陽之玉窟春，〔六〕富平之石凍春，劍南之燒春。」杜子美詩云〔七〕：「聞道雲安麴米春。」〔八〕裴鉶《傳奇》亦有酒名「松醪春」，〔九〕乃知唐人名酒多以「春」。〔一〇〕

校記

〔一〕《外集》卷四十二「題跋・詩詞」題作「記退之拋青春句」。

〔二〕此句《外集》作「韓退之詩曰」。

〔三〕此句《外集》作「百年未滿不得死且可勤買抛青春」。
〔四〕「富水」,《外集》作「富春」。
〔五〕「若下」,《外集》作「若下春」。
〔六〕「玉」,《外集》作「土」。
〔七〕「詩云」,《外集》作「亦云」。
〔八〕此句《外集》作「聞道雲安麴米春纔傾一盞便醺人」。
〔九〕「裴鉶傳奇」,《外集》作「近世裴鉶作傳奇記裴航事」。
〔一〇〕句末《外集》多「則抛青春亦必酒名也」。

考證

《外集》與《仇池筆記》異文重要者有二:

第一,《仇池筆記》題作「酒名」,是筆記以内容分類的習氣。《外集》題作「記退之抛青春句」,體現了東坡手稿的寫作意圖指向解釋韓愈詩句中「抛青春」一辭的含義,而非泛記酒名。

第二,異文第十條《外集》文末多「則抛青春亦必酒名也」一句,由此總結了全篇引證的最終目的是考證「抛青春」一辭爲酒名。《仇池筆記》删去最後畫龍點睛的一句,使得前面的引證没有著落,文字變成了莫名奇妙的單純掉書袋。

16 論詩

唐末五代文物衰盡，詩有貫休，書有亞栖，村俗之氣，大率相似。蘇子美家有長史書，云：「隔簾歌已俊，對坐貌彌精。」語既凡惡，而字法真亞栖之流。曾子固編《李太白集》，而有《贈懷素草書歌》及《笑已乎》數首，皆貫休以下，調格卑陋。子固號有識，知者故深可怪。如白樂天贈徐凝、退之贈賈島，皆世俗無知者所記，不足多怪。

校記

「長史書」之「史」、「笑已乎」之「已乎」原闕，據明鈔五十卷本補。《外集》卷四十一「題跋·詩詞」之「書李白集」條：「今太白集中有《歸來乎》《笑矣乎》及《贈懷素草書》數詩，決非太白作。蓋唐末五代間貫休、齊己輩詩也。余舊在富陽，見國清院太白詩，絶凡近。過彭澤唐興院，又見太白詩，亦非是。良由太白豪俊，語不甚擇，集中往往有臨時卒然之句，故使妄庸敢爾。若杜子美，世豈復有僞撰者耶？」

《外集》卷四十一「題跋·詩詞」之「書諸集僞謬」條：「唐末五代文物衰盡，詩有貫休，書有亞栖，村俗之氣大率相似。如蘇子美收張長史書云：『隔簾歌已俊，對坐貌彌精。』語既凡惡，而字法真亞栖之流。近見曾子固編《太白集》，自謂頗獲遺亡，而有《贈懷素草書歌》及《笑矣乎》數首，皆貫休以下詞格。二人皆號有識，知者故深可怪。如白樂天贈徐凝、退之贈賈島之類，皆世俗無知者所託，尤不足多怪。」

考證

《仇池筆記》文本與《外集》「書諸集僞謬」條基本相同。所不同者，《外集》題目「書諸集僞謬」較之《仇池筆記》空泛的「論詩」更貼切；《外集》多「（曾子固編《太白集》）自謂頗獲遺亡」，開啓下文「而有《贈懷素草書歌》及《笑矣乎》數首（皆僞託之作）」，較之《仇池筆記》文意更爲流暢；《外集》「二人皆號有識」兼指上文所言蘇舜欽、曾鞏，優於《仇池筆記》僅言「子固號有識」；《外集》「無知者所託」文意優於《仇池筆記》「無知者所記」。

上述異文尚屬意義較小者，《外集》文本保留的更重要信息是「書李白集」條，它既與「書諸集僞謬」條存在重合之處，又有溢出「書諸集僞謬」條的内容。另外，《外集》的來源是東坡手稿，而東坡手稿的放置次序應該是按照時間層累堆積，也就是説，東坡手稿的原始編次形態是編年順序，那麼即使考慮到《外集》已經將東坡手稿按照内容類别（如「題跋」之「詩詞」「雜文」「書帖」「紙墨」等類别）重新編次，這一編纂動作應該是從堆積的手稿中依次拿取，然後分别置於不同的内容門類，這意味着新建立的每一類别的篇目之間應該仍保留了原有的先後位次關係（亦即繫年意義），位次靠前者的寫作時間早於位次靠後者，「書李白集」「書諸集僞謬」兩條皆收録於《外集》卷四十一，「書李白集」在「書諸集僞謬」之前，説明「書李白集」條寫作在前，「書諸集僞謬」條寫作在後。——由此可以推想，東坡在閲讀李白集時，隨手寫下想法（「書李白集」），後來讀到蘇舜欽收藏張旭書帖時，又有所感，連同之前讀李白集的感想一起寫成新的便箋（「書諸集僞謬」），這就解釋了東坡爲什麽會前後兩次寫下「書李白集」「書諸集僞謬」既存在重合内容，又有溢出部分的兩則文字，因爲它們並非思考成熟後的有意著述，而是兩次信筆寫下的讀書札記，這就難得地呈現了作家創作中帶有連續性與發展性的思考過程。

17 禁同省往來〔一〕

元祐元年，余爲中書舍人。執政患省事多漏泄，〔二〕欲於舍人廳後作露籬，禁同省往來。余白執政：「應須簡要清通，何必樹籬插棘！」諸公笑而止。明年，竟作之。暇日偶讀白樂天詩，〔三〕有「西省北院，新建小亭，種竹開窗，東騎省李常侍隔窗小飲，〔四〕作詩」，乃知唐時西掖作窗以通東省，〔五〕而今日本省不得往來，可歎也。

校記

〔一〕《外集》卷四十二「題跋・詩詞」收録，題作「記樂天詩西掖通東省」。五卷本《東坡志林》卷二收録，題目與《仇池筆記》同。

〔二〕《外集》作「時執政患本省事多漏泄」。

〔三〕「白樂天詩」，《外集》作「樂天集」。

〔四〕此句《外集》作「有云西省北院新構小亭種竹開窗東通奇省與李常使隔窗小飲」。

〔五〕「西掖作窗」，《外集》作「得西掖作窗」。

考證

《外集》與《仇池筆記》異文較有意義者有二：第一，異文第四條「東通奇（騎）省」，與「西省北院，新構小亭，種竹開窗」形成排比，更爲協調，白居易原作亦然。第二，異文第五條「乃知唐時得西掖作窗以通東省」，「得」謂可以、能够，保留了口語辭氣。

18　劉原父語〔一〕

劉原父嘗酒酣，云：〔二〕「陳季弼告陳元龍曰：〔三〕『遠近之論，〔四〕謂明府驕而自矜。』

元龍曰：『閨門雍穆，〔五〕有德有行，吾敬陳元方兄弟；淵清玉潔，有禮有法，吾敬華子魚；清修疾惡，有識有義，吾敬趙元達；博聞强記，〔六〕吾敬孔文舉；雄姿傑出，〔七〕吾敬劉玄德。所敬如此，何驕之有？餘子瑣瑣，何足録哉！〔八〕』」因仰天太息。此原父之雅趣也。〔九〕吾嘗作詩云：〔一〇〕「平生我亦輕餘子，晚歲人誰念此翁？」記原父語也。〔一一〕原父没，〔一二〕尚有貢父在，每與語，差强人意，〔一三〕今復死矣。何時復見此俊傑人乎，悲夫！

校記

〔一〕《外集》卷四十五「題跋·詩詞」題作「書黄州詩記劉原父語」。五卷本《東坡志林》卷一收録，題目與《仇池筆記》同。

〔二〕此句《外集》作「昔爲鳳翔幕官過長安見劉原父留吾劇飲數日酒酣謂吾曰」。

〔三〕《外集》於句首多「昔」字。

〔四〕《外集》於句首多「聞」字。

〔五〕《外集》於句首多「夫」字。

〔六〕《外集》句末多「奇逸卓犖」。

〔七〕《外集》句末多「有霸王之略」。

〔八〕此句《外集》作「亦安足録哉」。
〔九〕「此」，《外集》作「此亦」。
〔一〇〕此句《外集》作「吾後在黄州作詩云」。
〔一一〕《外集》句首多「蓋」字。
〔一二〕此句《外集》作「原父既没久矣」。
〔一三〕《外集》無「差」字。

考證

《外集》與《仇池筆記》異文重要者有二：第一，異文第二條「昔爲鳳翔幕官，過長安，見劉原父，留吾劇飲數日，酒酣，謂吾曰」，以及異文第十條「吾後在黄州，作詩云」，提供了理解事件發生時地的信息，透露出這則文字的寫就經歷了一個從東坡青年時代初仕鳳翔至中年貶謫黄州的漫長過程，具有沉重的歲月積澱，這與文末感嘆劉氏兄弟去世的沉重情緒一致。第二，異文第六條「奇逸卓犖」與第七條「有霸王之略」，與《三國志·陳矯傳》原文相符，語意更完整。

19 溪洞畫李師中像〔一〕

郭祥正嘗從章惇入梅山溪洞中，〔二〕見洞主蘇甘家有畫像，〔三〕事之甚嚴，〔四〕云：「桂府李大夫也。」〔五〕問其名，曰：「此豈可名哉！」叩頭稱死罪數四，卒不敢名。徐考其年月，〔六〕則李師中誠之也，〔七〕嘗爲提刑，〔八〕權桂府爾。〔九〕夷獠乃爾畏信之。〔一〇〕

校記

〔一〕「李師中」原作「李中師」，據明刻六十卷本改。下同。《外集》卷五十六「雜記·人物」題作「谿洞蠻神事李師中」。

〔二〕此句《外集》作「過太平州見郭祥正言嘗從章惇辟入梅山谿洞中說諭其首領」。

〔三〕「畫像」，《外集》作「神畫像」，後多「被服如士大夫」。

〔四〕《外集》句末多「問之」。

〔五〕《外集》句首多「此」字。

〔六〕「年月」，《外集》作「年月本末」。

〔七〕「則李師中誠之也」，《外集》作「則李公師中誠之也」。

〔八〕《外集》句首多「誠之」二字。

〔九〕《外集》句末多「吾識誠之知其爲一時豪傑也然小人多異議不知」。

〔一〇〕《外集》句末多「彼其利害不相及爾」。

考證

《外集》與《仇池筆記》異文重要者有二：

第一，異文第二條「過太平州，見郭祥正言嘗從章惇辟，入梅山谿洞中，說諭其首領」，可知是東坡從當事人郭祥正口中聽說。按，熙寧五年（一〇七二）郭祥正入章惇幕協辦湖南「梅嶺招降建城郭」有功（見郭祥正《青山集》卷二《將歸行》）。又據《宋史・郭祥正傳》載：「時祥正從章惇察訪辟，聞之，遂以殿中丞致仕。後復出，通判汀州，知端州，又棄去，隱于縣青山。」按郭祥正爲太平州當塗人，隱居之「縣青山」即在太平州。蘇軾於元豐七年（一〇八四）自黄州量移汝州，六月過當塗訪問郭祥正（見「東坡七集」《前集》卷十四《郭祥正家醉畫竹石壁上郭作詩爲謝且遺古銅劍二》），當於此時聞聽郭說李師中畫像事。——由《外集》所載異文可知，此則文字寫作時地是元豐七年六月在當塗所作。

第二，異文第九、十條「吾識誠之，知其爲一時豪傑也，然小人多異議，不知夷獠乃爾畏信之，彼其利害不相及爾」。按，《宋史・李師中傳》載：「師中始仕州縣，邸狀報包拯參知政事，或云朝廷自此多事矣。師中曰：『包公何能爲，今鄞縣王安石者，眼多白，甚似王敦，他日亂天下，必斯人也。』後二十年，言乃信……以故不容于時而屢黜，氣未嘗少衰。」李師中歷任邊事，因反對王韶築城屯兵洮、河諸部，有違熙寧開邊新政，遭王安石、章惇罷免。東坡所謂「小人多異議」，或指涉於此。時在元豐末年，政治風向已經開始變化，東坡的這層隱意通過《外集》保留的文本有所透露。

20 韓玉汝李金吾〔一〕

韓縝爲秦州，〔二〕以賊殺不辜去官。秦人語曰：〔三〕「寧逢乳虎，莫逢韓玉汝。」〔四〕孫臨最滑稽，〔五〕或問：「莫逢韓玉汝，當以何對？」臨曰：〔六〕「可怕李金吾。」〔七〕

校記

〔一〕《外集》卷五十六「雜記·人物」題作「韓鎮酷刑」。「鎮」爲「縝」形訛。

〔二〕《外集》句末多「酷刑少恩」。

〔三〕《外集》無「曰」字。

〔四〕《外集》句末多「玉汝鎮字也」。

〔五〕《外集》句末多「尤善對」。

〔六〕「臨曰」，《外集》作「應聲曰」。

〔七〕《外集》句末多「天下以爲口實」。

考證

按，「可怕李金吾」語出杜甫《陪李金吾花下飲》「醉歸應犯夜，可怕李金吾」，南宋蔡夢弼注：「酒懶再沽，恐飲而醉歸，晚而犯金吾夜禁之令。」得老杜本意。而「醉歸犯禁」正與韓縝「酷刑少恩」本事密切相關，《宋史·韓縝傳》載：「（縝）嘗宴客夜歸，指使傅勍被酒，誤隨入州宅，與侍妾遇，縝怒，令軍校以鐵裹杖箠殺之。勍妻持血衣，撾登聞鼓以訴，坐落職，分司南京。秦人語曰：『寧逢乳虎，莫逢玉汝。』其暴酷如此。」不清楚這一本事，就不容易理解孫臨脱口而出「可怕李金吾」的妙語契合，以及東坡對此的會心。宋人對杜詩的熟稔亦可見一斑。

21 舒公封荆公〔一〕

王介甫先封舒公，改封荆公。〔二〕《詩》曰：〔三〕「戎狄是膺，荆舒是懲。」識者云：〔四〕「宰相不學之過也。」

校記

〔一〕《外集》卷五十六「雜記·人物」題作「宰相不學」。

〔二〕《外集》作「後改封荆」。
〔三〕「曰」，《外集》作「云」。
〔四〕「云」，《外集》作「謂」。

22 以意改書

近世人輕以意改書，鄙賤之人好惡多同，從而和之，遂使古書日就訛舛。孔子曰：「吾猶及史之闕文也。」蜀本《莊子》云：「用志不分，乃疑於神。」此與《易》「陰疑陽」、《禮》「使人疑汝於夫子」同。今四方本皆作「凝」。陶潛詩：「採菊東籬下，悠然見南山。」採菊之次，偶然見山，境與意會。今皆作「望南山」。杜子美云：「白鷗没浩蕩。」蓋滅没于淵波間。而宋敏求云「鷗不解没」，改作「波」。二詩改此兩字，覺一篇神氣索然也。

校記

「用志不分」之「志」、「偶然見山」之「然」，據宋刻本補。

《外集》卷四十一「題跋・詩詞」之「題淵明飲酒詩後」條：「『採菊東籬下，悠然見南山。』因採菊而見山，境與意會，此句最有妙處。近歲俗本皆作『望南山』，則一篇神氣都索然矣。古人用意深微，而俗士率然妄以意改，此最可疾。近見新開韓、柳集，多所刊定，失真者多矣。苞按：重出小異。」

《外集》卷四十一「題跋・詩詞」之「書諸集改字」條：「近世人輕以意改書，鄙淺之人好惡多同，故從而和之者衆，遂使古書日就訛舛，深可忿疾。孔子曰：『吾猶及史之闕文也。』自余少時見前輩皆不敢改書，故蜀本大字書皆善本，《莊子》云：『用志不分，乃疑於神。』此與《易》『陰疑於陽』、《禮》『使人疑汝於夫子』同。今四方本皆作『凝』。陶潛詩：『採菊東籬下，悠然見南山。』採菊之次，偶然見山，初不用意，而境與意會，故可喜也。今皆作『望南山』。杜子美云：『白鷗没浩蕩，萬里誰能馴。』蓋滅没於煙波間耳。而宋敏求謂余云：『鷗不解没，改作波。』二詩改此兩字，覺一篇神氣索然也。」

考證

《外集》卷四十一「題淵明飲酒詩後」條文末案語：「（毛九）苞按：重出小異。」指此條與《外集》同卷「書諸集改字」條有討論陶詩「採菊東籬下，悠然見南山」的相似内容。可見毛九苞忠實承襲宋本《外集》原貌未作删削，僅以案語方式説明他認爲的「重出」情況。從《外集》以「東坡七集」之外的東坡「親跡」手稿爲基本來源的情況判斷，「題淵明飲酒詩後」作於前，此後東坡蒐集古書改字事例漸多，遂將諸例集中撰寫爲「書諸集改字」條。這兩條分別是針對同一内容的早期手稿與吸收、改寫早期手稿而成的後期手稿，不宜簡單以通常校勘意義上的「重出小異」條目視之。

《外集》「書諸集改字」條在《仇池筆記》所載「孔子曰」與「蜀本《莊子》」之間多「余少時見前輩皆不敢改書，故蜀本大字書皆善本」；在「偶然見山」與「境與意會」之間多「初不用意」，皆較《仇池筆記》爲勝。尤其是「初不用意」一句，頗能見出詩思靈感發生的偶然性，緊扣上句「偶見」，最不可闕——不但《仇池筆記》失載，就是作爲初稿的《外集》「題淵明飲酒詩後」條也没有這一句，説明東坡匯總舊稿、再次撰寫新稿時作了潤色提煉，使得説理更爲透徹明晰，這是區别東坡初稿與再撰稿的顯證。《仇池筆記》將「題淵明飲酒詩後」這一所謂「重出」條目删去，又遺失了「初不用意」一句，丟失了窺見東坡長期揣摩、累積、修訂的寫作遞進層次的兩種比對性文本，説明經過二次編纂的「筆記」文本的不可靠性。相反，《外集》屬於「家集」系統，將蘇軾不同時期的札記箋條不作删汰，盡數編次在一起，最大程度保存了手稿原貌，對於探求東坡寫作思路的漸次推進、匯總過程頗有幫助，應該視爲東坡作品文本的最優文獻來源之一。

23 書秋雨詩〔一〕

杞人馬正卿作太學正，有氣節，〔二〕學生不喜，〔三〕博士亦忌之。予偶至齋，〔四〕書杜子

美《秋雨》一篇壁上，〔五〕初無意也。正卿即日辭歸不出，〔六〕至今白首固窮守節。〔七〕

校記

〔一〕《外集》卷五十七「雜記·人物」題作「馬正卿守節」。
〔二〕「有氣節」，《外集》作「清苦有氣節」。
〔三〕「不喜」，《外集》作「既不喜」。
〔四〕「齋」，《外集》作「其齋中」。
〔五〕「秋雨」，《外集》作「秋雨歎」。
〔六〕此句《外集》作「而正卿遂辭歸不復出」。
〔七〕此句《外集》作「至今白首窮餓守節如故」，句末多「正卿字夢得」。

考證

《外集》與《仇池筆記》異文重要者爲第七條「正卿字夢得」。按，馬氏生平資料不多，蘇軾《東坡八首》序云：「余至黄州二年，日以困匱，故人馬正卿哀余乏食，爲于郡中請故營地數十畝，使得躬耕其中。」另外，蘇軾《初貶英州過杞贈馬夢得》云：「萬古仇池穴，歸心負雪堂。」雪堂正建於黄州所請之地。又，五卷本《東坡志林》卷一載：「馬夢得與僕同歲月生，少僕八日。是歲生者，無富貴人，而僕與夢得爲窮之冠。即吾二人而觀之，當推夢得爲首。」所言「夢得爲窮之冠」，與「白首窮餓」相符。又，《外集》卷四十二「題跋·詩詞」之「書孟東野詩」條載：「元豐四年，與馬夢得飲酒黄州東禪。醉後誦孟東野詩云：『我亦不笑原憲貧。』不覺失笑。東野何緣笑得原憲？遂書此以贈夢得，只夢得亦未必笑得東野也。」言外之意亦謂馬夢得固窮。——上述文獻或稱馬正卿，或稱馬夢得，皆與黄州相關，身份特徵符合度高，然未敢定其必爲一人。《外集》保留文本直接點明「正卿字夢得」，完全解決了馬夢得正是馬正卿這一疑難問題。

24 杜子美詩

余在岐山，見秦州進一馬，騌如牛，項下重胡倒立，毛生肉端，蕃人云此肉騌。乃知《鄧公驄馬詩》云「肉騌碨礧連錢動」，當作「肉騣」。《悲陳陶》云「四方義士同日死」，此房琯之敗也。《唐書》作陳濤，未知孰是？琯既敗，猶欲持重有所伺，而中人促戰，遂大敗。故後篇云：「焉得附書與我軍，忍待明年莫倉卒。」《北征》詩曰「桓桓陳將軍，仗鉞奮忠烈」，謂陳玄禮也。佐玄宗平内難，又從幸蜀，建誅國忠之策。《洗兵馬》云「張公一生江海客」，此張鎬也。明皇雖誅蕭至忠，常懷之，侯君集云「蹭蹬至此」，至忠亦蹭蹬者耶！

故杜子美亦哀之，云：「赫赫蕭京兆，今爲時所憐。」《後出塞》詩云：「我本良家子，出師亦多門。躍馬三十年，恐負明主恩。坐見幽州騎，長驅河洛昏。中夜間道歸，故里但荒村。惡名幸脱免，窮老無兒孫。」詳味此詩，蓋禄山反時，其將有脱身歸國而禄山殺其妻子者。不出姓名，可恨也。《憶昔》詩云「關中小兒壞綱紀」，謂李輔國也。「張后不樂上爲忙」，謂肅宗張皇后也。「爲留猛士守未央」，謂郭子儀奪兵柄、入宿衛也。

校記

《外集》卷四十二「題跋・詩詞」之「書子美驄馬行」條：「余在岐下，見秦州一馬，駿如牛，頷下垂胡側立傾倒，毛生肉端。蕃人云：『此肉駿馬也。』乃知《鄧公驄馬行》云：『肉驄碨礧連錢動。』當作駿。」

《外集》卷四十二「題跋・詩詞」之「書子美憶昔詩」條：「《憶昔》詩云『關中小兒壞紀綱』，謂李輔國也。『張后不樂上爲忙』，謂肅宗張皇后也。『爲留猛士守未央』，謂郭子儀奪兵權、入宿衛也。」

《外集》卷四十二「題跋・詩詞」之「雜書子美詩」條：

「《悲陳陶》云『四萬義軍同日死』，此房琯之敗也。《唐書》作『陳濤邪』，不知孰是？時琯臨敗，猶欲持重有所伺，而中人邢延德促戰，遂大敗，故次篇《悲青坂》云：『焉得附書與我軍，留待明年莫倉卒。」

《北征》詩云『桓桓陳將軍，仗鉞奮忠烈』，此謂陳元禮也。元禮佐玄宗平内難，又從幸蜀，首建誅國忠之策。

《洗兵馬行》『張公一生江海客，身長九尺須眉蒼』，此張鎬也。明皇雖誅蕭至忠，然常懷之。侯君集云『蹭蹬至此』，至忠亦蹭蹬者耶？故子美亦哀之，云：『赫赫蕭京兆，今爲時所憐。』

《後出塞》云：『我本良家子，出師亦多門。將驕益愁思，身廢不足論。躍馬二十年，恐辜明主恩。坐見幽州騎，長驅河洛昏。中夜間道歸，故里但空村。惡名幸脱免，窮老無兒孫。』詳味此詩，蓋禄山反時，其將校有脱（身）歸國而禄山殺其妻子者，不知其姓名，可恨也。」

考證

《仇池筆記》將東坡手稿三則獨立文字編爲一條，異文重要者在於編次，《外集》的三則文字編次爲：「書子美驄馬行」「書子美憶昔詩」「雜書子美詩」。《仇池筆記》重新組合後改爲：「書子美驄馬行」「雜書子美詩」「書子美憶昔詩」。這一改動的標準是詩篇寫作時間，《仇池筆記》的編次調整更符合杜詩的寫作時間，即：《驄馬行》（開元、天寶時期）——《悲陳陶》（安史之亂）——《北征》（自鳳翔還家鄜州）——《洗兵馬行》（收京後）——《後出塞》（秦州）——《憶昔》（成都）。至於《外集》爲什麽會將《憶昔》放在《悲陳陶》之前，已經難以確知。考慮到兩則文字前後緊連，並未間隔其他條目，或可視爲放置一時疏忽。

25 子美詩外有事在〔一〕

杜子美自許稷與契，未必許也。〔二〕然其詩云：「舜舉十六相，身尊道何高。〔三〕秦時用商鞅，法令如牛毛。」此是稷、契輩人口中語也。〔四〕又云：「知名未足稱，局促商山翁。」〔五〕又云：「王侯與螻蟻，同盡隨丘墟。願聞第一義，回向心地初。」乃知子美詩外尚有事在也。

校記

〔一〕《外集》卷四十二「題跋・詩詞」題作「評子美詩」。

〔二〕下一「許」字原闕，據宋刻本補。此句《外集》作「子美自比稷與契人未必許也」。

〔三〕「何」，《外集》作「益」。

〔四〕「稷契」，《外集》作「契稷」。

〔五〕「翁」，《外集》作「芝」。

26 歸去來辭

俗傳書生入官庫，見錢不識。或怪而問之，生曰：「固知其爲錢，但怪其不在紙裹中耳。」淵明《歸去來詞》云：「幼穉盈室，瓶無儲粟。」使有儲粟，亦甚微矣，此翁平生只於瓶中見粟也！

校記

《外集》卷三十八「題跋·雜文」之「書淵明歸去來序」：「俗傳書生入官庫，見錢不識。或怪而問之，生曰：『固知其爲錢，但怪其不在紙裹中耳。』予偶讀淵明《歸去來辭》云：『幼稚盈室，瓶無儲粟。』乃知俗傳信而有證，使瓶有儲粟，亦甚微矣，此翁平生只於瓶中見粟也耶？馬后宮人見大練，反以爲異物。晉惠帝問饑民何不食肉糜，細思之，皆一理也。聊爲好事者一笑。」

五卷本《東坡志林》卷三「論貧士」條：「俗傳書生入官庫，見錢不識。或怪而問之，生曰：『固知其爲錢，但怪其不在紙裹中耳。』予偶讀淵明《歸去來詞》云：『幼稚盈室，瓶無儲粟。』乃知俗傳信而有徵，使瓶有儲粟，亦甚微矣，此翁平生只於瓶中見粟也耶？馬后夫人見大練，以爲異物；晉惠帝問饑民何不食肉糜，細思之，皆一理也，聊爲好事者一笑。永叔常言：『孟郊詩：鬢邊雖有絲，不堪織寒衣。縱使堪織，能得多少？』」

考證

《外集》與《仇池筆記》異文重要者有二：第一，《外集》多出馬后宮人不識大練事。第二，《外集》多出晉惠帝問何不食肉糜事。二事是東坡對陶淵明《歸去來兮辭·序》「瓶無儲粟」的進一步發揮，將日常經驗限制認識水平的三個事例放在一起，説理更加透徹。五卷本《東坡志林》增加的歐陽修論孟郊詩，與此主題無關，顯是後來摻入。《外集》録此條爲「記永叔評孟郊詩」（見卷四十一「題跋·詩詞」），亦可證其爲一則獨立文字。

27 孟郊詩〔一〕

歐陽永叔云：〔二〕「孟郊詩：〔三〕『鬢邊雖有絲，不堪織寒衣。』就使堪織，能得多少？」〔四〕

校記

〔一〕《外集》卷四十二「題跋·詩詞」題作「記永叔評孟郊詩」。

〔二〕「云」，《外集》作「嘗云」。

〔三〕「孟郊」，《外集》作「孟東野」。

〔四〕「能得」，《外集》作「不得」。

28 白樂天詩〔一〕

白樂天爲王涯所讒，謫江州司馬。甘露之禍，樂天有詩云：〔二〕「當君白首同歸日，是我青山獨往時。」〔三〕不知者以爲幸亡。〔四〕樂天豈幸人之禍者哉？〔五〕蓋悲之也。

校記

〔一〕《外集》卷四十二「題跋·詩詞」題作「書樂天香山寺詩」。

〔二〕此句《外集》作「樂天在洛適遊香山寺有詩云」。

〔三〕「山」字原闕，據明刻六十卷本補。

〔四〕此句《外集》作「不知者以樂天爲幸之」。

〔五〕《外集》無「者」字。

29 成相〔一〕

孫卿子書有韻語者，〔二〕其言鄙近，多云「成相」，莫曉其義。《前漢·藝文志》「詩賦類」中有《成相雜詞》十篇，〔三〕則「成相」者，古謳謡之名也，〔四〕疑所謂「喪舂不相」者。〔五〕又《樂記》云「治亂以相，糠也」，〔六〕亦恐由此得名。〔七〕

校記

〔一〕《外集》卷三十七「題跋·雜文」題作「記孫卿韻語」。

〔二〕《外集》無「書」字。

〔三〕「十篇」，《外集》作「十一篇」，是。

〔四〕《外集》句首多「蓋」字。「也」，《外集》作「乎」。

〔五〕「喪舂不相」，《外集》作「鄰有喪舂不相」。

〔六〕「糠」,《外集》作「糒」。

〔七〕《外集》文末多「當更細考之」。

30 擬作〔一〕

劉子玄辨《文選》所載李陵《與蘇武書》,〔二〕蓋齊梁文士擬作。〔三〕予因悟陵與武五言亦後人擬作。〔四〕《列女傳》蔡琰二詩,〔五〕其詞明白感慨,頗類《木蘭詩》,〔六〕東京無此格也。建安七子猶含養,〔七〕不盡發見,況伯喈女乎?琰之流離,必在父没之後,〔八〕董卓既誅,伯喈乃遇禍,此詩乃云董卓所驅虜入胡,〔九〕尤知其非真也。蓋范曄荒淺,〔一〇〕遂載之《本傳》。〔一一〕

校記

〔一〕《外集》卷四十二「題跋・詩詞」題作「題蔡琰詩」。

〔二〕句末《外集》多「非西漢文」。

〔三〕「齊梁」,《外集》作「齊梁間」,句末多「者也」。

〔四〕「五言」，《外集》作「贈答五言」。「擬作」，《外集》作「所擬」。

〔五〕句首《外集》多「今若讀」三字。

〔六〕「詞」，《外集》作「辭」。「木蘭詩」，《外集》作「世傳木蘭詩」。

〔七〕「含養」，明鈔五十卷本作「含養生」，明刻六十卷本作「含蓄□」，《外集》作「涵養圭角」。

〔八〕句首《外集》多「又」字。「没」，《外集》作「死」。

〔九〕《外集》句首多「今」字，「云」字下多「爲」字。

〔一〇〕「蓋范曄荒淺」，《外集》作「蓋擬作者疏略而范曄荒淺」。

〔一一〕《外集》文末多「可以一笑也」。

考證

《外集》與《仇池筆記》異文重要者有二：第一，異文第一條《外集》卷四十一題作「題蔡琰詩」，《外集》同卷前後諸條爲「題文選」「題鮑明遠詩」「書謝瞻詩」——「題蔡琰詩」（即本條）——「書文選後」，可見是東坡讀《文選》中諸篇、一時先後所題。第二，異文第七條，通行本作「建安七子猶含蓄」，清鈔宋本作「建安七子猶含養」，明鈔五十卷本妄補爲「含養生」，《外集》作「建安七子猶涵養圭角」，清鈔宋本優於通行本及明鈔五十卷本，而《外集》又優於清鈔宋本，可知其傳承痕跡是從《外集》「涵養圭角」訛誤爲清鈔宋本系統之「含養」，再訛誤爲明鈔五十卷本系統之「含養生」與通行本系統之

「含蓄」。

31 薑多食損智〔一〕

王介甫多思而喜鑿，時出一新説，已而悟其非，又出一説以解之，〔二〕是以其學多説。嘗與劉貢父食，曰：〔三〕「孔子不撤薑食，何也？」貢父曰：「《本草》言薑多食損智。〔四〕道非明民，將以愚之。孔子以道教人者，故不撤薑食，所以愚之也。」〔五〕介甫欣然而笑，久之，乃悟其戲也。〔六〕貢父雖戲言，王氏之學實大類此。〔七〕

校記

〔一〕《外集》卷五十六「雜記·人物」題作「劉貢父戲介甫」。

〔二〕《外集》「非」下多「也」字，「又」上多「則」字。「解之」，《外集》作「解釋之」。

〔三〕「曰」，《外集》作「輟箸而問曰」。

〔四〕此句《外集》作「本草生薑多食損智」。

〔五〕「者」下《外集》多「也」字。「所以」，《外集》作「將以」。

〔六〕「戲也」，《外集》作「戲己也」。

〔七〕《外集》文末多「庚辰二月十一日食薑粥甚美嘆曰無怪吾愚吾食薑多矣因并貢父言記之以爲後世君子一笑」。

考證

《外集》與《仇池筆記》異文重要者爲第七條，《外集》文末多「庚辰二月十一日，食薑粥甚美，嘆曰：『無怪吾愚，吾食薑多矣！』因并貢父言記之，以爲後世君子一笑」。按，庚辰爲元符三年（一一〇〇），即東坡去世前一年，此條爲東坡所作札記最晚者之一。又，所謂「無怪吾愚」之語是自嘲中兼有自傲，是東坡在熙寧新政、元祐更化、紹聖反覆中皆遭抨擊之後的感嘆，可與東坡所作《洗兒》詩「人皆養子望聰明，我被聰明誤一生。惟願孩兒愚且魯，無災無難到公卿」相參看。一言「愚」，一言「聰明」，不過是正話反説而已。

32 石墨〔一〕

陸士衡《與士龍書》云：「登銅雀臺，得曹公所藏石墨數甕，今分寄一螺。」《大業拾遺記》：「宫中以蛾緑畫眉。」亦石墨之類也。〔二〕沈存中帥鄜延，以石燭作墨，〔三〕堅重而黑，

在松烟之上。曹公所藏，豈此物也？〔四〕

校記

〔一〕《外集》卷五十一「題跋·紙墨」題作「書沈存中石墨」。
〔二〕「宫中」《外集》作「宫人」。句末多「近世無復此物」。
〔三〕「石燭」，《外集》作「石燭煙」。
〔四〕「也」，《外集》作「也耶」。

33 桃笙〔一〕

柳子厚詩云：「盛時一失貴反賤，桃笙葵扇安可常。」〔二〕不知桃笙爲何物。因閲《方言》，〔三〕宋、魏之間簟謂之笙，〔四〕乃悟桃笙以桃竹爲簟也。〔五〕

校記

〔一〕《外集》卷四十二「題跋·詩詞」題作「書柳子厚詩」。

〔二〕「可常」，《外集》作「敢當」。
〔三〕「因閲」，《外集》作「偶閲」。
〔四〕此句《外集》作「篻宋魏之間謂之笙」。
〔五〕「桃竹」，《外集》作「竹」。《外集》文末多一段：「梁簡文《答南王餉書》云：『五離九折，出桃枝之翠笋。』乃謂桃枝竹篻也。桃竹出巴渝間，杜子美有《桃竹歌》」。

考證

《外集》與《仇池筆記》異文重要者爲第五條，此文上半部分解釋「篻」（即柳詩之「笙」），下半部分（也就是《外集》多出的部分）解釋「桃竹」（即柳詩之「桃」），《仇池筆記》僅截取了上半部分，解釋並不充分，只有通過《外集》文本才能完全説明問題。

34 池魚〔一〕

眉州有人家畜數百魚深池中，以塼甃，四圍皆屋，凡三十餘年。一日天晴無雷，池中忽發大聲如風雨，魚皆躍起，羊角而上，不知所往。舊説：「不以鼀守，則爲蛟龍所取。」予以爲蛟龍必因風雨，疑此魚圈局三十餘年，日有騰拔之念，精神不衰，久而自然達理耳。

校記

《外集》卷五十八「雜記」之「池魚自達」條：「眉州人任達爲余言：『少時見人家畜數百魚深池中，池以磚甃，四周皆有屋舍，環遶方丈間，凡三十餘年，日加長。一日天晴無雷，池中忽發大聲如風雨，魚涌起，羊角而上，不知所往。』達云：『舊説不以神守，則爲蛟龍所取，此殆是耳。』余以謂蛟龍必因風雨，疑此魚圈局二十餘年，日有騰拔之意，精意不衰，久而自達，理自然耳。」

考證

此條亦見五卷本《東坡志林》卷三，文字與《外集》基本一致。《外集》文字更爲通順，與《仇池筆記》異文重要者在於《外集》點明池魚異事爲眉州人任達所説。按，蘇軾眉州好友任姓者有任伋（見秦觀《淮海集》卷十五《瀘州使君任公墓表》）、任孜兄弟，任達或與之有關。

35 耳白於面〔一〕

歐公嘗曰：〔二〕「少時有僧相我：『耳白於面，名滿天下；〔三〕唇不著齒，無事得謗。』其言頗驗。」耳白於面，則衆所共見。唇不著齒，余不敢問公，〔四〕不知何也。〔五〕

校記

〔一〕《外集》卷五十六「雜記·人物」題作「文忠公相」。五卷本《東坡志林》卷三題作「僧相歐陽公」。

〔二〕此句《外集》作「文忠公嘗語余曰」。

〔三〕「滿」，《外集》作「動」。

〔四〕「不敢」，《外集》作「亦不敢」。

〔五〕此句《外集》作「不知其何如也」。

36 如夢詞

泗州雍熙塔下，予戲作《如夢令》兩闋，云：「水垢何曾相受，細看兩俱無有。寄語揩背人，盡日勞君揮肘。輕手，輕手，居士本來無垢。」又云：「自淨方能洗彼，我自汗流呀氣。寄語澡浴人，且共肉身游戲。但洗，但洗，本爲人間一切。」此體本唐莊宗製，名《憶先姿》，嫌其不雅馴，改爲《如夢》。莊宗詞云：「如夢，如夢，和淚出門相送。」取以爲名云。

考證

此則文字僅見於《仇池筆記》，「東坡七集」、《外集》、「東坡大全集」皆未收録，俟考。

37 論物理

舒州醫人李惟熙善論物理，云：「菱芡皆水物，菱寒而芡暖者，菱花開背日，芡花開向日故也。」又曰：「桃、杏雙仁輒殺人者，其花本五出，六出必雙。草木花皆五出，惟柳、雪花六出，此殆陰陽之理。今桃、杏六出雙仁皆殺人者，失常故也。」

校記

「柳雪花」，底本「柳」「雪花」間空二字，宋刻本作「梔子雪花」，明鈔五十卷本作「柳子厚雪花」，明刻六十卷本作「柳與雪花」。

《外集》卷六十一「雜記·草木飲食」之「菱芡桃杏説」條：「今日見提舉陳貽叔云：舒州有醫人李惟熙者，爲人清妙，善論物理，云：『菱芡皆水物，菱寒而芡暖者，菱開花背日，芡開花向日故也。』又云：『桃、杏花雙人輒殺人者，其花本五出，六出必雙。舊説：草木花皆五出，惟梔子與雪花六出，此殆陰陽之理。今桃、杏之雙人皆殺人者，失常故也。』木實之蠹者必不沙爛，沙爛者必不蠹而能浮，不浮者能殺人。余嘗考其理，既沙爛散，則不能藴蓄而生蟲，瓜至甘而不蠹者，以其沙也。此雖末事，亦理有不可欺者。」

考證

《外集》所載文本總結從菱芡、桃李到木蠹一系列植物特點，説明它們原本屬於一體論述的内容，《仇池筆記》不明其中一脈相承的意緒，將表面上看似與「菱芡桃杏」無關的「木實之蠹」内容視爲另一段文字，從而分割爲兩條。

38 木蠹

木實之蠹者必不沙爛，爛者必不蠹而能浮，不浮者亦殺人。嘗考其理，既沙爛散，則不能藴蓄而生蟲，瓜至甘而不蠹者，以其沙也。

考證

説詳上條「論物理」。

39 小兒吸蟾蜍氣〔一〕

富彥國在青州，〔二〕河北大飢，民爭歸之。有夫婦襁負一子，〔三〕棄之道左空塚中而去，後還鄉過此塚，〔四〕欲取其骨，〔五〕則兒尚活，肥健於未棄時。〔六〕塚中有大蟾蜍如車輪，〔七〕氣咻咻然。〔八〕意兒呼吸此氣，〔九〕故能不食而健。自爾遂不食，年六七歲，肌理如玉。其父抱兒來京師，以示小兒醫張荊莊。〔一〇〕張曰：「物之能蟄，燕蛇蝦蟆之類是也。〔一一〕能蟄則不食，〔一二〕不食則壽千歲。〔一三〕若聽其不食不娶，長必得道。」父喜，攜去，今不知所在。〔一四〕

校記

〔一〕《外集》卷五十八「雜記」題作「空冢小兒」。五卷本《東坡志林》卷三題作「塚中棄兒吸蟾氣」。

〔二〕「青州」，《外集》作「青社」。

〔三〕《外集》句末多「未幾迫於饑困不能皆全」。

〔四〕「後歸鄉」，《外集》作「歲定歸鄉」。

〔五〕「取」，《外集》作「收」。
〔六〕「於」，《外集》作「愈於」。句末《外集》多「見父母匍匐來就」。
〔七〕此句《外集》作「視冢中空無有唯有一竅滑易如蛇鼠出入有大蟾蜍如車輪」。
〔八〕此句《外集》作「氣咻咻然出穴中」。
〔九〕此句《外集》作「意兒在塚中常呼吸此氣」。
〔一〇〕「示」，《外集》作「求」。「莊」，《外集》作「筐」。
〔一一〕上半句《外集》作「物之有靈者能蟄」。下句《外集》無「蟆」字。
〔一二〕「不食」，《外集》作「能不食」。
〔一三〕此句《外集》作「不食則壽此千歲蝦蟆也法不當與藥」。
〔一四〕《外集》文末多「張與予言蓋嘉祐六年」。

考證

《外集》與《仇池筆記》異文重要者有二類：第一類是異文第三、六、七、十一、十三條，《外集》文本敘述更爲清楚，承啓上下文更爲順暢，《仇池筆記》文本顯然是編纂者貪圖簡便、删削所致。第二類是異文第十四條，東坡自承聞聽此事的時間在嘉祐六年（一〇六一），此年蘇軾在京師中「賢良方正」科，正好有機會聽到京師小兒醫張荆莊談及異事。據《續資治通鑑長編》卷一六六仁宗皇祐元年二月辛未條載富弼知青州賑濟河北災民事，按皇祐元年（一〇四九）小兒初生一歲計，塜中小兒至六、七歲赴京師求醫已在至和二年（一〇五五）左右，再過五六年至嘉祐六年張荊莊仍記得這件異事，轉述蘇軾以爲談資。另外需要注意，文稱「蓋嘉祐六年」，説明東坡寫下此則文字的時間應該在嘉祐六年之後若干年了，如果寫於當年，應寫作「時嘉祐六年」，因此這是一篇追憶之作。

40 奴爲祟〔一〕

石普好殺人，〔二〕未嘗懺悔。〔三〕醉中縛一奴，使指使投之汴河，〔四〕指使哀而縱之。既醒而悔，指使畏其暴，不敢以實告。居久之，普病，見奴爲祟，以其必死。〔五〕指使呼奴示之，祟不復見，〔六〕普亦愈。

校記

〔一〕《外集》卷五十八「雜記」題作「石普嗜殺」。五卷本《東坡志林》卷三題作「石普見奴爲祟」。

〔二〕《外集》句末多「以殺爲娱」一句。

〔三〕此句《外集》作「未嘗知慙悔也」。

〔四〕「使指使」，《外集》作「使其指使」。
〔五〕此句《外集》作「自以爲必死」。
〔六〕「見」，《外集》作「作」。

41 附語〔一〕

世有附語者，多婢妾賤人，否則衰病不久當死者，其聲音舉止皆類死者。〔二〕意有奇鬼能如是耶？〔三〕昔人遠行者取金釵藏壁中，〔四〕忘以語其妻。〔五〕既行而病且死，以告其僕，既而不死。妻聞空中聲，〔六〕則其夫也，〔七〕曰：「吾已死，以爲不信，金釵在某所。」取得之，〔八〕遂發喪。其後夫歸，反以爲鬼。〔九〕

校記

〔一〕《外集》卷五十八「雜記」題作「鬼附語」。五卷本《東坡志林》卷三題作「辨附語」。
〔二〕《外集》句末多「又能知人密事然理皆非也」一句。
〔三〕「奇鬼」，《外集》作「其鬼」。「如是」，《外集》作「爲是」。

〔四〕此句《外集》作「昔人有遠行者欲觀其妻於己厚薄取金釵藏之壁中」。

〔五〕「其妻」,《外集》作「之」。

〔六〕「妻」,《外集》作「忽」。

〔七〕「則」,《外集》作「真」。

〔八〕《外集》句首多「妻」字。

〔九〕此句《外集》作「妻迺反以爲鬼也」。

考證

《外集》與《仇池筆記》異文重要者有二:第一,異文第二條,《外集》文本點明「附語」具有聲音舉止類似與知密事兩點特徵,缺一不可,説理清楚。《仇池筆記》漏掉了這關鍵的一句。第二,異文第四、五條,《外集》文本因爲前面已經有「昔人有遠行者,欲觀其妻於己厚薄,取金釵藏之壁中」的交代,因此在後一句作「忘以語之」,後句的「之」指代前句的「其妻」。《仇池筆記》删去了前面的「欲觀其妻於己厚薄」一句,所以後一句的「之」缺乏指代對象,因此將《外集》文本包含「之」的這一句改作「忘以語其妻」。這是《仇池筆記》修改《外集》文本的明證。

42 晉人書〔一〕

唐太宗購晉人書，〔二〕自二王以下僅千軸，〔三〕皆在秘府。〔四〕武后時，〔五〕爲張易之兄弟所攘竊，〔六〕遂流落人間，〔七〕多在王涯、張延賞家。〔八〕涯敗，軍人劫奪金玉軸而棄其書。〔九〕余於李瑋都尉家見晉人數帖，〔一〇〕皆有小印「涯」字，意其爲王氏物也。有謝尚、謝琨、王衍等字，皆奇。〔一一〕夷甫獨超然，若群鶴聳翅欲飛而未起也。〔一二〕

校記

〔一〕《外集》卷四十七「題跋·書帖」題作「題晉人帖」。

〔二〕「購」，《外集》作「搆」。

〔三〕《外集》句末多「蘭亭以玉匣葬昭陵世無復見」一句。

〔四〕《外集》句首多「其餘」二字。

〔五〕「武」字據明刻六十卷本補。《外集》句首多「至」字。

〔六〕「攘竊」，《外集》作「竊」。

〔七〕《外集》句首多「後」字。
〔八〕《外集》無「多」字。
〔九〕此句《外集》作「爲軍人所劫剥去金玉軸而棄其書」。
〔一〇〕此句《外集》作「余嘗於李都尉瑋處見晉人數帖」。
〔一一〕「謝琨」，《外集》作「謝鯤」。「字」，《外集》作「帖」。
〔一二〕「若」，《外集》作「如」。

考證

《外集》與《仇池筆記》異文較有意義者爲第三、四條：《外集》文本先講《蘭亭集序》書帖，再講此帖之外的其他書帖，故稱「其餘」。《仇池筆記》删去《蘭亭集序》書帖内容（或因其並不在東坡實際所談書帖範圍内），原本的「其餘」二字也就没有著落，故删去。這是《仇池筆記》改動《外集》文本的證據。

43 隱者楊朴

真皇東封，訪天下隱者，得杞人楊朴。上問：「卿臨行有人作詩否？」朴對曰：「臣妻一首云：更休落魄耽盃酒，切莫猖狂愛詠詩。今日捉將官裏去，這回斷送老頭皮。」上大笑，放還山。

校記

《外集》卷四十四「題跋・詩詞」之「題楊朴妻詩」條：「真宗東封還，訪天下隱者，得杞人楊朴，能爲詩。召對，自言不能。上問：『臨行有人作詩送否？』朴言：『無有。惟臣妻一絶云：且休落托貪盃酒，更莫猖狂愛詠詩。今日捉將官裏去，這回斷送老頭皮。』上大笑，放還山，命其子一官就養。余在湖州，坐作詩追赴詔獄，妻子送余出門，皆哭，無以語之。顧老妻曰：『獨不能如楊處士妻，作一詩送我乎？』不覺失笑，予乃出。」

《外集》卷四十五「題跋・詩詞」之「題魏處士詩」條：「昔年過洛，見李公柬之，言：『真宗東封還，召處士楊朴上殿，問：「卿赴召時，嘗有朋友作詩送行否？」朴對曰：「無有。唯臣妻一絶。」上使誦之，朴不可。强之，乃曰：「且休落魄貪杯酒，更莫猖狂愛詠詩。今日捉將官裏去，這回斷送老頭皮。」上大笑，放還山。』因覽魏野處士詩，偶復記之。苞按：重出小異。」

五卷本《東坡志林》卷二「書楊朴事」條：「昔年過洛，見李公簡言：『真宗既東封，訪天下隱者，得杞人楊朴，能詩。及召對，自言不能。上問：「臨行有人作詩送卿否？」朴曰：「惟臣妾有一首云：更休落魄耽盃酒，且莫猖狂愛詠詩。今日捉將官裏去，這回斷送老頭皮。」上大笑，放還山。』余在湖州，坐作詩追赴詔獄，妻子送余出門，皆哭，無以語之。顧語妻曰：『獨不能如楊子雲處士妻，作詩送我乎？』妻子不覺失笑，余乃出。」

考證

比對《外集》卷四十四「題楊朴妻詩」與卷四十五「題魏處士詩」，可見「題魏處士詩」作於前，「題楊朴妻詩」作於後，《外集》明代編者毛九苞注「按，重出小異」，顯然没有意識到兩則文字作於不同時間、寫作意圖有所變化的情況。可以推想，「題魏處士詩」寫作在前，因魏野詩歌滑稽粗鄙，與楊朴妻詩風格相似，這則札記僅涉及詩歌藝術風格層面，點到爲止，並無發揮。後來，東坡敘述「烏臺詩案」事件時，信手將「題魏處士詩」拈來，成爲進行「（猝臨巨變而從容不迫）自我形象塑造」的靈感來源，才形成了「題楊朴妻詩」。換言之，「題楊朴妻詩」是以「題魏處士詩」爲素材經過「選擇性敘述與虛構性寫作」的二次文本。至於《東坡志林》所載「書楊朴事」，已經是結合「題魏處士詩」「題楊朴妻詩」的第三次文本編纂了。《東坡志林》爲了拼合兩則札記不露痕跡，删去前一則的寫作緣由印記「因覽魏處士詩，偶復記之」。另外，《外集》「題楊朴妻詩」條稱「如楊處士妻」，《東坡志林》「書楊朴事」作「如楊子雲處士妻」，將「楊朴」訛作「楊子雲（雄）」，愈見後出粗疏之跡。特別需要指出，孔平仲《談苑》記載「烏臺詩案」案發時最重要的旁觀者祖無頗的現場回憶稱：「（皇甫）僎至之日，軾在告，祖無頗權州事。僎逕入州廳，具鞾袍秉笏立庭下，二臺卒夾侍，白衣青巾，顧盼獰惡，人心洶洶不可測。軾恐，不敢出，乃謀之無頗。無頗云：『事至於此，無可奈何，須出見之。』軾議所以服，自以爲得罪，不可以朝服。無頗云：『未知罪名，當以朝服見也。』軾亦具鞾袍秉笏立庭下，無頗與職官皆小幘列軾後。二卒懷臺牒，拄其衣若匕首然。僎又久之不語，人心益疑懼。軾曰：『軾自來極惱朝廷多，今日必是賜死。死固不辭，乞歸與家人訣別。』僎始肯言，曰：『不至如此。』無頗乃前曰：『太博必有被受文字。』僎問：『誰何？』無頗曰：『無頗是權州。』僎乃以臺牒授之。及開視之，只是尋常追攝行遣耳。僎促軾行，二獄卒就執之，即時出城登舟。郡人送者雨泣。頃刻之間，拉一太守如驅犬雞。此事無頗目擊也。」在這種局面下，蘇軾緊張近於不知所措，不可能有與妻兒玩笑後從容赴獄的舉動，這是東坡事後追憶的想象場景。僅從《東坡志林》改編後的文本永遠無法看出蘇軾在事後追憶時内心深處那種耐人尋味的「自傳寫作策略」：他人（如祖無頗）在場凝視破壞了蘇軾的自我想象，以及社會對東坡形象的認同期待，因此真相必須被遺忘、改寫。《外集》保存了具有源頭性的文本原貌與改動次第，可以據此還原東坡寫作層次及其意圖；《東坡志林》只呈現出於後來編纂者之手的最終改動結果，不足爲據；《仇池筆記》删削過多，只保留了楊朴逸事，而與東坡毫無關係，可謂買櫝還珠，最不足道。

44 古鏡〔一〕

元豐中，〔二〕予自齊安，〔三〕過古黄州，獲一鏡，〔四〕其背銘云：「漢有善銅出白陽，取爲鏡，清而明。」〔五〕左龍右虎輔之。〔六〕其字如菽，大篆，款甚精妙。〔七〕白陽，疑白水之陽也。〔八〕其銅墨色如漆，〔九〕照人微小，〔一〇〕古鏡皆然，〔一一〕此道家聚形之法也。

校記

〔一〕《外集》卷三十九「題跋・雜文」題作「書所獲鏡銘」。

〔二〕「元豐中」，《外集》作「元豐四年正月」。

〔三〕此句《外集》作「余齊安往岐亭泛舟而還」。

〔四〕《外集》句末多「周尺有二寸」。

〔五〕「而」，《外集》作「如」。

〔六〕「虎」，《外集》作「鳳」。

〔七〕此句《外集》作「其字如菽大雜篆隸甚精妙」。

〔八〕「疑」原作「凝」，據明鈔五十卷本、明刻六十卷本改。「白水」，《外集》作「南陽白水」。

〔九〕「墨色」，《外集》作「黑色」。

〔一〇〕此句《外集》作「其背如刻玉其明照人微小」。

〔一一〕《外集》句首多「舊聞」。

考證

《外集》與《仇池筆記》異文重要者爲第二、第三條，《外集》作「元豐四年正月，余齊安往岐亭泛舟而還」，交代時地信息更爲清楚。

又，異文第五條《外集》作「清如明」，是。需要指出，所謂「如、而漢時通用」「白陽爲南陽白水」的看法，並非蘇軾發明，而是出自蘇頌（子容）。《外集》卷五十二「題跋・筆硯」之「書陸道士鏡硯」條載：「陸道士蓄一鏡一研，皆可寶。研員首斧形，色正青，背有卻月今文，甚能克墨而宜筆，蓋唐以前物也。鏡則古矣，其背文不可識。家有鏡，正類是，其銘曰：『漢有善銅出白陽，取爲鏡，清如明，左龍右虎俌之。』以銘文考之，則此鏡乃漢物也耶？吾嘗以示蘇子容。子容以博學名世，曰：『此鏡以前皆作此，蓋禹鼎象物之遺法也。白陽，今無此地名。楚有白公，取南陽白水爲邑，白陽豈白水乎？漢人而、如通用。』皆子容云。鏡心微凸，鏡面小而直，學道者謂是聚神鏡也。丙子十二月初一日書。」（《外集》卷六十六收録《答李方叔》小簡亦載此事而略。）這是蘇軾在紹聖三年（丙子，一〇九六）見到陸道士收藏古鏡時的回憶。

45 剖桃核得雄黄〔一〕

岐亭王翊夢水邊一人爲人毆，〔二〕傷幾死，見翊而號，翊救之，得免。明日，水邊見一鹿，〔三〕爲獵者所得，〔四〕已中幾瘡。翊以數千贖之，〔五〕鹿隨翊起居，未嘗暫捨。〔六〕翊所居茂林，〔七〕一日有村婦林中見一桃，過熟而絶大，獨在本杪，〔八〕乃取而食之，棄其核，翊大驚，〔九〕取而剖之，〔一〇〕得雄黄一塊如桃仁，乃嚼吞之，〔一一〕甚甘美。自是斷葷肉，齋居一食，不復殺生。〔一二〕

校記

〔一〕《外集》卷五十八「雜記」題作「王翊救鹿」。五卷本《東坡志林》卷三題作「王翊夢鹿剖桃核而得雄黄」。

〔二〕此句《外集》作「黄州岐亭有王翊者家富而好善夢於水邊見一人爲人所毆」。

〔三〕此句《外集》作「明日偶至水邊見一鹿」。

〔四〕「獵者」，《外集》作「獵人」。
〔五〕此句《外集》作「翊發悟以數千錢贖之」。
〔六〕「暫捨」，《外集》作「一步舍翊」。
〔七〕此句《外集》作「又翊所居後有茂林果木」。
〔八〕「本」，《外集》作「木」。
〔九〕「棄其核翊大驚」，《外集》作「翊適見大驚婦人食已棄其核」。
〔一〇〕《外集》句首多「翊」字。
〔一一〕此句《外集》作「迺嚼而吞之」。
〔一二〕《外集》文末多「亦可謂異事也」。

46 砑光帽〔一〕

徐倅李陶有子年十七八，〔二〕忽詠《落花》詩云：〔三〕「流水難窮目，斜陽易斷腸。誰同砑光帽，一曲舞《山香》。」父驚問之，若有物憑附者，〔四〕云：「西王母宴群仙，〔五〕有舞者戴砑光帽，帽上簪花，舞《山香》一曲，曲未終，〔六〕花皆落去。」〔七〕

校記

〔一〕《外集》卷四十五「題跋・詩詞」題作「記謝中舍詩」。

〔二〕《外集》句首多「寇元弼言去歲」。又，「徐倅」，《外集》作「徐州倅」。句末《外集》多「素不甚作詩」。

〔三〕「落花」，《外集》作「落梅」。

〔四〕《外集》句末多「自云是謝中舍問研光帽事」。

〔五〕「仙」，《外集》作「臣」。

〔六〕《外集》無「曲」字。

〔七〕「去」，《外集》作「云」。

考證

《外集》與《仇池筆記》異文重要者有二：第一，異文第二條，説明此事爲聞聽寇元弼所説。按，寇元弼生平見陳師道《後山居士文集》卷十六《寇參軍集序》，其人曾任許州司理參軍，「一無所好，顧嗜酒與詩」，無怪東坡此則文字所載，頗似酒中談天説異而及詩歌。第二，異文第四條，點明憑附李陶子作詩者爲謝中舍，上一句「有物憑附」才有著落，也由此方能理解《外集》題作「記謝中舍詩」的合理性。

47 戴松鬭牛

有藏戴松鬭牛者，以錦囊繫肘自隨，出與客觀。旁有牧童曰：「鬭牛力在前，尾入兩股間。今畫鬭而尾掉，何也？」黄筌畫飛雁，頭足皆展。皆曰：「飛鳥縮頭則展足，縮足則展頭，無兩展者。」驗之信然。

校記

《外集》卷五十「題跋・畫」之「書黄筌畫雀」條：「黄筌畫飛鳥，頸足皆展。或曰：『飛鳥縮頸則展足，縮足則展頸，無兩展者。』驗之信然。乃知觀物不審者，雖畫師且不能，況其大者乎？君子是以務學而好問也。」

《外集》卷五十「題跋・畫」之「書戴嵩畫牛」條：「蜀中有杜處士，好書畫，所寶以百數。有戴嵩牛一軸，尤所愛，錦囊玉軸，常以自隨。一日曝書畫，有一牧童見之，拊掌大笑，曰：『此畫鬭牛也。牛鬭，力在角，尾搐入兩股間。今乃掉尾而鬭，謬矣。』處士笑而然之。古語有云：『耕當問奴，織當問婢。』不可改也。」

考證

《外集》爲編次相連的獨立兩則文字。《仇池筆記》編者删去兩條末尾東坡議論文字，合爲一條，是筆記體好奇記異的態度，已經偏離東坡闡發「耕當問奴，織當問婢」「務學好問」的寫作初衷了。另外，兩則文字在《外集》中編次相連，可以解釋《仇池筆記》爲何會將它們删并爲一條，即除了内容相近之外，形態（編次）相近也是觸發二次編纂（删并）的契機——由此也説明《外集》文本正是《仇池筆記》文本的源頭。

48 鵝有二能〔一〕

錢塘人喜殺，〔二〕日屠百鵝。〔三〕予自西湖上夜歸，〔四〕聞屠者之門有鵝皆號，〔五〕聲振衢路，若有所訴。〔六〕鵝能警盜，〔七〕亦能卻蛇，有糞殺蛇。〔八〕蜀人園池養鵝，〔九〕蛇即遠去。有二能而不能免死，又有祈雨之厄。〔一〇〕悲夫，安得人如逸少乎！〔一一〕

校記

〔一〕《外集》卷六十二「雜記」題作「記錢塘殺鵝」。

〔二〕此句《外集》作「鵝能警盜錢塘人喜殺之」。

〔三〕此句《外集》作「日屠百鵝而鬻之市」。

〔四〕「西湖」，《外集》作「湖」。

〔五〕此句《外集》作「過屠者門聞群鵝皆號」。

〔六〕「所訴」，《外集》作「訴者」。句末《外集》多「予悽然欲贖其死念終無所置之故不果然至今往來予心也」。

〔七〕「能」，《外集》作「不獨」。

〔八〕「有糞」，《外集》作「其糞蓋」。

〔九〕「蜀」字原闕，據宋刻本補。

〔一〇〕「又」「厄」二字原闕，據宋刻本補。「又」，《外集》作「且」。

〔一一〕「人」，《外集》作「人人」。

考證

《外集》與《仇池筆記》異文重要者有二：第一，異文第六條，《外集》多「予悽然欲贖其死，念終無所置之，故不果，然至今往來予心也」數句。缺乏「至今往來予心」一句，很容易讓人誤解這則文字作於杭州時期，其實應是後來追憶所作。另外，「欲贖其死」使得篇末感嘆「人人如逸少」非常自然。第二，異文第十一條，《仇池筆記》的「安得人如逸少」幾不成語，《外集》作「安得人人如逸少」就很自然、合理。東坡曾發心救鵝，因無處安置，終未踐行，自己做不到的事情，如何可以要求別人做到（「人如逸少」），這不符合東坡推己及人的一貫性格；但是如果「人人如逸少」，那麽養鵝者自身就愛鵝而不會殺鵝，也就不存在東坡需要救鵝卻不能的情況，其中毫無「自己做不到而强求他人做到」的意味，這就合理了。——也就是説，「安得人如逸少」如欲成立，就不能出現東坡發願救鵝的前提事件，否則將造成對東坡做人太不地道的誣陷。由此可見，《仇池筆記》既先删去「予悽然欲贖其死，念終無所置之，故不果，然至今往來予心也」數句，後遂能改「安得人人如逸少」爲「安得人如逸少」，雖是篡改《外集》文本之罪人，總算是維護東坡形象之功臣，惟不知其有心抑或無意耶？

49 戒殺〔一〕

水族癡暗，人輕殺之。或云不能償冤，是乃欺善怕惡。〔二〕李公擇云：〔三〕「雞有雌而卵者，〔四〕抱之，雖能破殼而出，不數日輒死。〔五〕此卵可食，非殺也。」予曰：「凡能動者，〔六〕皆佛子也。竹蝨，初如塗粉竹葉上，久乃能動。百十爲曹，〔七〕無非佛子。梁武水陸畫像，〔八〕六道外者，以淡墨作人畜禽魚等形，〔九〕閃閃然於空中，〔一〇〕乃是佛子流浪，陋劣之極。至于濕生如竹蝨者，猶不可得，但若存若亡於其間耳。〔一二〕而謂水族鷄卵可殺乎？但起一殺，〔一三〕地獄已具，不必在其能訴與不能訴也。」〔一三〕

校記

〔一〕《外集》卷六十一「雜記・草木飲食」題作「食雞卵説」。
〔二〕《外集》句末多「殺之其不仁甚於殺能償冤者」。
〔三〕「云」，《外集》作「嘗謂余」。
〔四〕「雌」，《外集》作「無雄」。
〔五〕《外集》句首多「然」字。
〔六〕《外集》句首多「不然」二字。
〔七〕「百十」，《外集》作「百千」。
〔八〕「陸」，《外集》作「路」。
〔九〕「禽魚」，《外集》作「禽獸」。
〔一〇〕「閃閃」，《外集》作「罔罔」。
〔一一〕「其間」，《外集》作「冥漠間」。

〔二〕此句《外集》作「但吾起一殺念」。

〔三〕《外集》無「必」字，文末多一段：「吾久戒殺，到惠州，忽破戒，數食蛤蟹。自今日懺悔，復修前戒。今日從者買一鯉魚，長尺有咫，雖困，尚能微動，乃置水甕中，須其死而食，生即赦之。聊記其事，以爲一笑」。

考證

《外集》與《仇池筆記》異文重要者有三：

第一，異文第二條《外集》句末多「殺之，其不仁甚於殺能償冤者」，與上句所説「殺不能償冤者」明確分出等級，從而將「欺善怕惡」的低劣心理揭示得更爲透徹。

第二，異文第四條，《仇池筆記》的「雞有雌而卵者」，讀之令人疑惑，因爲雌雞產卵是常識，《外集》作「雞有無雄而卵者」，「無雄」的意思是雌雞未經過雄雞交配，産下的不是受精卵，這就把意思表達得很清楚，《仇池筆記》簡單地把原文「無雄」改爲「雌」，不審上下文語境，故造成語意扞格。

第三，異文第十三條，《外集》文末多出的文字，可見此則文字作於貶謫惠州時期。此時東坡經歷了熙寧新法與元祐更化，自始至終在具體政事上持獨立見解，在熙寧新黨當政時期不容於新黨，在元祐舊黨起復時期又不容於舊黨，絶非順勢而爲、承間取合之輩，最有資格駁斥「欺善怕惡」的行徑。——離開了被《仇池筆記》删去的具體時地信息，就不易聯繫東坡行事理解其思想了。

50 論醫〔一〕

脉之難明，古今所病也。至虚有盛候，〔二〕而大實有羸狀，〔三〕疑似之間，便有死生之異。〔四〕士大夫多秘所患以求痊，〔五〕驗醫能否，〔六〕使索病於冥漠之中，辨虚實冷暖于疑似之間。〔七〕醫不幸而失，終不肯自謂失也，乃飾過遂非以全其名。〔八〕間有謹愿者，雖或主人之言，〔九〕亦參以所見，〔一〇〕兩存而雜治。〔一一〕吾平生求醫，蓋于平時默驗其工拙，有疾求療，〔一二〕必盡告以所患，〔一三〕使醫了然知患之所，〔一四〕然後診之。〔一五〕虚實冷暖，〔一六〕先定于中，脉之疑似，不能惑也。故雖中醫，治吾疾常愈，吾求疾愈而已，豈以困醫爲事哉！

校記

〔一〕《外集》卷六十「雜記・醫藥」題作「求醫診脉」。

〔二〕「盛候」，《外集》作「實候」。

〔三〕《外集》句末多「差之毫厘」。

〔四〕「死生之異」，《外集》作「死生禍福」。《外集》句末多一段：「此古今所病也。病不可不謁醫，而醫之明脉者，天下蓋一二數。騏驥不時有，天下未嘗徒行。和、扁不世出，一病者終不徒死，亦因其長而護其短耳」。

〔五〕「以求痊」，《外集》作「而求診」。

〔六〕此句《外集》作「以驗醫之能否」。

〔七〕「冷暖」，《外集》作「冷熱」。

〔八〕「乃飾過」，《外集》作「則巧飾」。《外集》句末多「至於不救則曰是固難治也」。

〔九〕「或」，《外集》作「或因」。

〔一〇〕「亦」，《外集》作「亦復」。

〔一一〕《外集》句末多「以故藥不效此世之通患而莫之悟也」。

〔一二〕此句《外集》作「至於有疾而求療」。

〔一三〕「必」，《外集》作「必先」。《外集》句末多「而後求診」。

〔一四〕「醫」，《外集》作「醫者」。「患之所」，《外集》作「患之所在也」。

〔一五〕「診之」，《外集》作「求之診」。

〔一六〕「冷暖」，《外集》作「冷熱」。

考證

《外集》與《仇池筆記》異文重要者有二：

第一，異文第四條，《外集》句末多出的文字，説明良醫難得，這是東坡闡發主旨「求醫應盡告所患」，才能使得「中（等資質）醫」也能不被疑似脉像困惑的前提。《仇池筆記》删去這一段話，使得説理脈絡不够清晰。

第二，異文第九、十一條，《仇池筆記》的「雖或主人之言，亦參以所見，兩存而雜治」，表述不清，以至於《仇池筆記》通行版本將「或」作「惑」，但閱讀仍難通暢；《外集》作「雖或因主人之言，亦復參以所見，兩存而雜治，以故藥不效，此世之通患，而莫之悟也」，講述清楚，毫無疑義。

51 黎檬子〔一〕

故人黎淳，〔二〕字希深，〔三〕治《春秋》，〔四〕歐公喜之。〔五〕爲人質木遲緩，〔六〕劉貢父戲爲「黎檬子」，〔七〕黎以爲謂指其德，〔八〕不知果木實有是也。〔九〕一日，聯騎出，聞市中有唱是果鬻者，〔一〇〕大笑，幾落馬。〔一一〕

校記

〔一〕見於《外集》卷五十七「雜記·人物」，「稼」作「檬」，下同。又見於五卷本《東坡志林》卷一。

〔二〕「淳」，《外集》作「錞」。

〔三〕「深」，《外集》作「聲」。

〔四〕此句《外集》作「治春秋有家法」。

〔五〕「歐公」，《外集》作「歐陽文忠公」。

〔六〕《外集》句首多「然」字。

〔七〕「戲爲」，《外集》作「戲之爲」。

〔八〕「以爲謂」，《外集》作「以謂」。

〔九〕「果木實有是」，《外集》作「果木中真有是」。

〔一〇〕「聞市中」，《外集》作「聞市人」。

〔一一〕《外集》文末多一段：「今吾謫海南，所居有此木，霜實累累，然二君皆已爲鬼録。坐念故友之風味，豈可復見！劉固不泯於世者，黎亦能文守道、不苟隨者也」。

考證

《外集》與《仇池筆記》異文重要者是第十一條，《外集》文末多出的文字不但交代了寫作時地信息，尤其是其中對黎的評價「不苟隨」，最能見出此時東坡歷經熙寧變法、元祐更化之後的心境。

52 服井花水〔一〕

時雨降，多置器廣庭中，所得甘滑不可名，潑茶煮藥，皆美而有益。〔二〕其次井泉甘冷者，〔三〕《乾》以九二化《坤》以六二爲《坎》，〔四〕取天一爲水。〔五〕能服井花水，〔六〕甘熟與石硫黄、鐘乳等，〔七〕非其人服之，〔八〕亦能發背腦爲疽。又分、至日取水儲之，〔九〕後七日輒生物如雲母狀。〔一〇〕

校記

〔一〕《外集》卷六十「雜記·醫藥」題作「井華水」。五卷本《東坡志林》卷一題作「論雨井水」。

〔二〕《外集》句末多「正爾食之不輟可以長生」。

〔三〕《外集》句末多「皆良藥也」。

〔四〕此句《外集》作「乾以九二化坤之六二爲坎」。

〔五〕「取」，《外集》作「故」。

〔六〕此句《外集》作「吾聞之道士人能服井華」。

〔七〕「甘熟」，《外集》作「其效」。

〔八〕此句《外集》作「非其人」。

〔九〕《外集》句首多「蓋嘗觀之」。「取水儲之」，《外集》作「取井水儲之有方」。

〔一〇〕《外集》文末多一段：「道士謂『中金』，可養煉爲丹，此固嘗見之者。此至淺近，獨不能爲，況所謂玄者乎。」

考證

《外集》與《仇池筆記》異文重要者有二：

第一，異文第四條，《仇池筆記》所謂「《乾》以九二化《坤》以六二爲《坎》」，幾不成語，難以索解；《外集》作「《乾》以九二化《坤》之六二爲《坎》」，即《坤》卦的六二變爲《乾》卦的九二，成爲《坎》卦，《坎》卦象徵水，意思就很明白。

第二，異文第十條，《外集》文末多出的文字，東坡感嘆淺近易爲之事猶遵之者少，何況其理深而難爲者，這是對井華水事的升華，不應刪去，否則此則文字就淪爲單純求仙學道（參見異文第二條《外集》多出「食之不輟，可以長生」）的虛幻之言了。

53 費孝先卦影〔一〕

至和二年，成都人費孝先遊青城，〔二〕詣老人村，〔三〕壞其竹床。〔四〕孝先欲償其直，〔五〕老人笑曰：「子視其下書云：〔六〕『此床某年月日造，某年月日爲費孝先所壞。〔七〕』成壞有數，子何償爲？〔八〕」孝先知其異，乃留師事之。老人授以《易》「乾」「革」卦影。〔九〕後數年，〔一〇〕孝先名聞天下，〔一一〕四方治其學者，〔一二〕所在而有，皆自託于孝先，真僞不可知也。〔一三〕

校記

〔一〕又見於《外集》卷五十八「雜記」，以及五卷本《東坡志林》卷三。

〔二〕此句《外集》作「成都人有費孝先者始來眉山云近游青城山」。

〔三〕「詣」，《外集》作「訪」。

〔四〕「竹床」，《外集》作「一竹床」。

〔五〕此句《外集》作「孝先謝不敏且欲償之」。

〔六〕此句《外集》作「子視其上字字云」。

〔七〕兩處「某年月日」，《外集》作「某年某月」。「費孝先」，《外集》作「孝先」。

〔八〕此句《外集》作「自其數耳何以償爲」。

〔九〕「易乾革卦影」，《外集》作「軌甲卦影之術」。《外集》句末多「前此未有知此學者也」。

〔一〇〕「數年」，《外集》作「五年」。

〔一一〕《外集》句末多「王公大人皆不遠千里以金錢求其卦影孝先以致富今死矣」。

〔一二〕《外集》句首多「然」。

〔一三〕「不可知」，《外集》作「特未可知」。《外集》文末多「聊復記之使後世知卦影」。

考證

《外集》與《仇池筆記》異文重要者有二：

第一，異文第二條，《外集》作「成都人有費孝先者始來眉山，云：近游青城山」，雖開篇已稱「至和二年」，但《外集》明言「費孝先者始來眉山」，可知是蘇軾在眉山老家聽費孝先親口所説，而非從他人轉述得知。

第二，異文第九條，《仇池筆記》的「《易》『乾』『革』卦影」，《外集》作「軌甲卦影之術」。按，北宋朱彧《萍洲可談》載：「熙寧間，蜀中日者費老筮《易》，以丹青寓吉凶。在十二辰，則畫鼠爲子，畫馬爲午，各從其屬。畫牛作二尾則爲失，畫犬作二口爲哭，畫十有一口則爲吉，其類不一，謂之『卦影』。亦有爻詞，以相發明，其書曰《軌革》，費老筮之無不驗。」又，《宋史·藝文志》「蓍龜類」收録《軌革秘寶》一卷、《軌革指迷照膽訣》一卷、《軌革照膽訣》一卷。所謂「軌革」，指天體運行的軌道及其變革，是星占影射人事之術。可知《仇池筆記》「乾」是「軌」之誤，應從《外集》；《外集》「甲」是「革」之誤，應從《仇池筆記》。結合兩書，當作「《易》軌革卦影之術」。

54 看茶啜墨

真松煤遠烟，自有龍麝氣。世之嗜者如滕達道、蘇浩然、吕行甫，暇日晴暖，研墨水數合，弄筆之餘，乃啜飲之。蔡君謨嗜茶，老病不能飲，但把玩而已。看茶啜墨，亦事之可笑者也。

校記

《外集》卷五十一「題跋·紙墨」之「書茶墨相反」條：「茶欲其白，常患其黑，墨則反是。然墨磨隔宿則色暗，茶碾過日則香減，頗相似也。茶以新爲貴，墨以古爲佳，又相反矣。茶可於口，墨可於目。蔡君謨老病不能飲，則烹而玩之。吕行甫好藏墨而不能書，則時磨而小啜之。此又可以發來者之一笑也。」

考證

《仇池筆記》似取《外集》文本之後半部分，鋪展成文。至於如何鋪展？《仇池筆記》多出「龍麝氣」與「滕達道」「蘇浩然」内容。按，《外集》卷五十一雖有《書徂徠煤墨》：「徂徠珠子煤，自然有龍麝氣，以水調匀，一刀圭服，能已鬲氣、除痰。飲專用此一味，阿膠和之，擣數萬杵，即爲妙墨，不俟餘法也。陳公弼在汶上作此墨，謂之墨龍髓，後人盜用其名，非也。」又有同卷《記李方叔遺墨》：「李方叔遺墨二十八丸，皆麝香氣襲人，云是元存道曾倅陰平，得麝數十臍，皆盡之於墨。雖近歲貴人造墨，亦未有用爾許麝也。」又有同卷《書王君佐所蓄墨》：「君佐所蓄新羅墨，甚黑而不光，當以潘谷墨和之，乃爲佳絶。今時士大夫多貴蘇浩然墨，浩然本用高麗墨煤雜遠煙作之。高麗墨若獨使，如研土炭耳。」尋繹諸條，《仇池筆記》不似摭取《外集》文本删削而成，且亦不見「滕達道」與製墨相關之記載。總之，此則文字《仇池筆記》多出「龍麝氣」與「滕達道」「蘇浩然」内容的來源，尚待考辨。

55 正獻公焚聖語〔一〕

杜正獻公爲相，蔡君謨、孫之翰爲諫官，屢乞出守。〔二〕仁宗曰：「卿等審欲得郡，〔三〕當具所欲奏來。〔四〕」於是蔡除福州，孫除安州。〔五〕正獻公曰：〔六〕「諫官無故出，終非美事，乞且依舊。」〔七〕上可之，退書聖語。時陳恭公爲執政，不肯書，曰：「吾初不聞。」正獻

懼，遂焚之，由此罷相。〔八〕議者謂正獻當明白奏審，〔九〕不當遽焚其書也。〔一〇〕

校記

〔一〕《外集》卷五十六「雜記·人物」題作「杜正獻焚聖語」。

〔二〕「出守」，《外集》作「出」。

〔三〕「得郡」，原作「得群」，據明鈔五十卷本、明刻六十卷本改。《外集》作「郡」。

〔四〕「所欲」，《外集》作「所乞」。

〔五〕「孫」，《外集》作「之翰」。

〔六〕此句《外集》作「正獻云」。

〔七〕「依」，《外集》作「仍」。

〔八〕「罷」字上《外集》多「遂」字。

〔九〕「當明白奏審」，《外集》作「當俟明日審奏」。

〔一〇〕《外集》文末多一段：「正獻言始在西府時，上每訪其中書事，及爲相，中書事不以訪公，因言君臣之間能全終始者蓋難也。」

考證

《外集》與《仇池筆記》異文重要者有二：第一，異文第九條，《外集》作「當俟明日審奏」，即將宰輔間的不同意見取旨執行，而非退縮以違背聖意，較之《仇池筆記》更爲明白合理。第二，異文第十條，《外集》文末多出文字，似曾親耳聞聽其説。按，杜衍嘉祐二年（一〇五七）卒於應天府，東坡是年在杜衍女婿歐陽修主考榜下進士及第，東坡不可能聽杜衍本人述説此事，或是從歐陽修轉述得知。

56 賈婆婆〔一〕

温成皇后乳母賈氏，宫中謂之賈婆婆。賈昌朝結之，〔二〕謂之姑姑。臺諫論其姦，吴春卿欲得其實而不可。近侍有進對者曰：「臺諫近日言事，〔三〕虚實相半，如賈姑姑事，豈有是哉！」仁宗默然久之，〔四〕曰：「賈氏實曾薦昌朝。」非仁宗盛德，〔五〕豈肯以實語臣下耶！

校記

〔一〕《外集》卷五十六「雜記・人物」題作「仁祖聖德」。五卷本《東坡志林》卷三題作「賈婆婆薦昌朝」。

〔二〕「結之」，《外集》作「連結之」。

〔三〕「臺諫近日」，《外集》作「近日臺諫」。

〔四〕「仁宗」，《外集》作「上」。

〔五〕「仁宗」，《外集》作「仁祖」。

57 世有顯人〔一〕

李士衡之父豪恣不法，〔二〕誅死。士衡進用，〔三〕王欽若欲言之，而未有路。會真宗論時文之敝，〔四〕因言：「路振，文人也，然不識體。」上曰：「何也？」曰：「李士衡父誅死，而振爲贈言，〔五〕曰『世有顯人』。」上頷之。士衡以故不大用。

校記

〔一〕《外集》卷五十六「雜記·人物」題作「王欽若沮李士衡」。

〔二〕「之父」，《外集》作「之父壹」。

〔三〕「進用」，《外集》作「方進用」。
〔四〕「之弊」，《外集》作「弊」。
〔五〕「言」，《外集》作「告」。

58 論柳宗元〔一〕

柳宗元敢爲妄誕，居之不疑。稱呂温爲道州、衡州，〔二〕及死，二州之人哭之逾月，客舟之道于永者，必呱呱然。雖子産不至此，温何以得之！其稱温之弟恭亦賢豪絶人者，又曰恭妻裴延齡女也。〔三〕孰有士君子肯爲延齡壻乎？〔四〕宗元與伾、叔文交，〔五〕蓋亦不羞于延齡者也。〔六〕

校記

〔一〕《外集》卷二十一「史評」題作「柳子厚誕妄」。五卷本《東坡外集》卷四題作「柳宗元敢爲誕妄」。
〔二〕《外集》無「稱」字。

〔三〕「曰恭妻裴延齡女也」，《外集》作「云恭之妻裴延齡之女也」。

〔四〕「延齡壻」，《外集》作「裴延齡壻者」。

〔五〕「交」，《外集》作「爲交」。

〔六〕「者也」，《外集》作「姻也」。《外集》文末多一段：「恭爲延齡壻，不見于史，宜表而出之，見宗元文集恭墓誌云。」

59 論金土同價

齊高帝云：「當使金土同價。」意則善矣，然物豈有此理哉！孟子曰：「物之不齊，物之情也。巨屨、小屨同價，人豈爲之哉？」孟子亦自忘此言，爲菽粟如水火之論。金不可賤如土，猶土不可貴如金也。堯之民比屋可封，桀之民比屋可誅，若信此説，則堯時諸侯滿天下，桀時大辟徧四海也。

校記

《外集》卷十九「史評」之「堯桀之民」條：「堯之民比屋可封，桀之民比屋可誅。若信此説，則堯時諸侯滿天下，桀時大辟遍四海也。」

《外集》卷二十「史評」之「齊高帝齊物」條：「齊高帝云：『吾當使金土同價。』意則善矣，然物豈有此理哉！孟子曰：『物之不齊，物之情也。巨屨與小屨同價，人豈爲之哉？』而孟子亦自忘此言，爲菽粟如水火之論。金之不可賤如土，猶土之不可使貴如金也。」

考證

《外集》卷十九「堯桀之民」條講古書有誇飾之説，不可盡信。《外集》卷二十「齊高帝齊物」條，講出於善意、理想化但違背事理物情之論。兩者内在邏輯並不一致，《仇池筆記》强行合爲一條，並不合理，適見後出修改痕跡。另外，《仇池筆記》編纂此則文字，意圖或在於討論「物之不齊乃常情」，從而與下一則文字「青苗錢」論「貧富不齊自古已然」相關。

60 青苗錢〔一〕

儋耳進士黎子雲言：城北有唐村老人曰允從者，〔二〕問子雲：〔三〕「宰相何苦以青苗錢困我，〔四〕於官有益乎？」子雲言：〔五〕「官患民貧富不均，富者逐什一，日益富，〔六〕貧者取倍稱，至鬻田質口，〔七〕故爲是法以均之。」允從曰：〔八〕「貧富不齊，〔九〕自古已然，〔一〇〕雖天公不能齊也。〔一二〕民有貧富，〔一三〕猶器有厚薄也。〔一三〕子欲磨其厚，等其薄，厚者未動，而薄者先穴矣！」此負薪能談王道者耶。〔一四〕

校記

〔一〕《外集》卷五十七「雜記・人物」題作「唐允從論青苗」。五卷本《東坡志林》卷二題作「唐村老人言」。

〔二〕此句《外集》作「城北十五里許有唐村唐氏之老曰允從者年七十餘」。

〔三〕此句《外集》作「問子雲言」。

〔四〕「青」字原闕，據宋刻本補。

〔五〕此句《外集》作「子雲答曰」。

〔六〕此句《外集》作「富者逐什百益富」。

〔七〕「田」原作「曰」，據宋刻本改。此句《外集》作「至鬻田資口不能償」。

〔八〕「曰」，《外集》作「笑曰」。

〔九〕此句《外集》作「貧富之不齊」。

〔一〇〕「已」，《外集》作「以」。

〔一一〕「天公」，《外集》作「天工」。《外集》句末多「子欲齊之乎」。
〔一二〕「民有」，《外集》作「民之有」。
〔一三〕「猶器有」，《外集》作「猶器用之有」。
〔一四〕此句《外集》作「元符三年二月子雲過余言此負薪能談王道政謂允從輩也」。

考證

《外集》與《仇池筆記》異文重要者爲第十四條，《外集》多「元符三年二月，子雲過余言此」一句，點明寫作時地信息。

61 巫蠱〔一〕

漢武帝惡巫蠱如仇讎，〔二〕蓋夫婦、君臣、父子之間嗷嗷然不聊生矣。〔三〕然《史記·封禪書》云：「丁夫人、雒陽虞初等以方祠詛匈奴、大宛。」〔四〕己且爲巫蠱，〔五〕何以責其下？此最可笑。

校記

〔一〕《外集》卷十九「史評」題作「漢武巫蠱魁」。
〔二〕此句《外集》作「漢武諱惡巫蠱疾之如仇讎」。
〔三〕「夫婦君臣父子」，《外集》作「父子君臣夫婦」。
〔四〕「虞初」，《外集》作「虞都」，誤。
〔五〕「巫蠱」，《外集》作「巫蠱之魁」。

62 字謎〔一〕

鮑明遠詩有《字謎》三首。〔二〕「飛泉仰流」者，舊説是井字。又，〔三〕「乾之一九，隻立無偶，坤之二六，宛然雙宿」，云是桑字。〔四〕又，〔五〕「頭如刀，尾如鉤，中間横，四角六抽，〔六〕右面負兩刃，左邊雙屬牛」，〔七〕乃龜字也。〔八〕

校記

〔一〕《外集》卷四十一「題跋・詩詞」題作「題鮑明遠詩」。

〔二〕《外集》句首多「舟中讀」三字。
〔三〕「又」，《外集》作「一云」。
〔四〕「二六」，原作「二立」，明刻六十卷本作「二六」，據改。「云是桑字」，《外集》作「是三字」。
〔五〕「又」，《外集》作「一云」。
〔六〕「抽」，原作「押」，據宋刻本、明鈔五十卷本改。
〔七〕「負」字原闕，據明刻六十卷本補。此句《外集》作「頭如刀尾別鉤中間横廣四角六抽右畔負兩刃左邊屬雙牛」。
〔八〕「乃」，《外集》作「當是」。

考證

《外集》與《仇池筆記》異文重要者有三：

第一，異文第二條《外集》多「舟中讀」三字，與《外集》上一條「題文選」所言「舟中讀《文選》」一致，「題文選」文末稱「元豐七年六月十一日書」，時東坡剛脱離黄州貶謫，走水路自江州往池州。根據兩則文字在《外集》編次相連、且皆爲「舟中讀書」的情况判斷，「舟中讀」三字能够説明此則文字很有可能作於元豐七年（一〇八四）六月間。

第二，異文第四條，《仇池筆記》謂「桑」字，《外集》作「三」字，「三」字較好理解，「桑」字頗費解（如楊慎《太史升庵文集》卷四十六「鮑昭迷語」條即云：「乾之一九，坤之二六，桑字也。頗爲拙劣。今之商謎燈牌者亦笑之，乾坤與桑何相關乎？」），或爲「叁」之訛誤。另外，《藝文類聚》卷五十六載此詩，稱謎底爲「土」字，似更合。

第三，異文第七條，《外集》「中間横廣」顯然比《仇池筆記》「中間横」更符合整詩格式，而且更符合「龜」字中間部分比上、下兩部分寬闊的特點。

63 論墨〔一〕

近人論墨，不取其光。光而不黑，是爲棄墨。黑而不光，索然無神氣，亦復安用？要使其光清而不浮，湛湛如小兒目睛，乃佳。

校記

《外集》卷五十二「題跋・紙墨」之「書懷民所遺墨」條：「世人論墨，多貴其黑，而不取其光。光而不黑，固爲棄物。若黑而不光，索然無神采，亦復無用。要使其光清而不浮，湛湛如小兒目睛，乃爲佳也。懷民遺僕二枚，其陽云『清煙煤法墨』，其陰云『道卿既黑而光』，殆如前所云者，書以報之。」

考證

《仇池筆記》僅取《外集》文本的前半「論墨有光爲貴」的部分，是筆記以題材分類、重事好奇的編纂態度。《外集》文本的後半部分以張懷民所贈之墨爲例説明「既黑而光」方爲佳墨，意緒流暢，更重要的是，由此説明此則文字作於東坡與張懷民（即蘇軾元豐六年作《記承天寺夜遊》所説的「至承天寺尋張懷民」）交往的黄州貶謫時期。

64 佛菩薩語〔一〕

濟南監鎮宋保國出其所集王荆公《華嚴解》。〔二〕余曰：〔三〕「《華嚴》八十卷，〔四〕今獨解其一，〔五〕何也？」曰：〔六〕「公謂我，〔七〕此佛語，至深妙，〔八〕他皆菩薩語耳。」〔九〕曰：〔一〇〕「予於藏經中取佛語數句，〔一一〕雜菩薩語中，〔一二〕復取菩薩語雜佛語中，〔一三〕子能識其非是乎？」〔一四〕曰：「不能也。」「非獨子不能，荆公亦不能也。〔一五〕予昔在岐下，聞河陽猪肉至美，〔一六〕使人往致之。〔一七〕使者醉，猪夜逸，買他猪以償，〔一八〕吾不知也。客皆大詫，〔一九〕以爲非他産所及。已而事敗，客皆大慚。今荆公之猪未敗耳。〔二〇〕屠者賣肉，〔二一〕倡者唱歌，〔二二〕或因以悟。子若一念清浄，〔二三〕牆壁瓦礫皆説無上法，而云佛語深妙、菩薩不及，豈

非夢中語乎？」保國曰：「唯。」〔二四〕

校記

〔一〕《外集》卷三十九「題跋·雜文」題作「跋王氏華嚴經解」。

〔二〕此句《外集》作「予過濟南龍山鎮監税宋寶國出王氏華嚴經解相示曰公之于道可謂至矣」。

〔三〕「余曰」，《外集》作「予問寶國」。

〔四〕「八十卷」，《外集》作「有八十卷」。

〔五〕「獨」，《外集》作「獨以」。

〔六〕「曰」，《外集》作「寶國曰」。

〔七〕「公」，《外集》作「王氏」。

〔八〕《外集》無「至」字。

〔九〕「他」，《外集》作「其餘」。

〔一〇〕「曰」，《外集》作「予曰」。

〔一一〕《外集》無「中」字。

〔一二〕「雜」，《外集》作「置」。

〔一三〕「雜」，《外集》作「置」。

〔一四〕「非是」，《外集》作「是非」。

〔一五〕此句《外集》作「王氏亦不能」。

〔一六〕「河陽」，《外集》作「汧陽」。

〔一七〕此句《外集》作「遣人置之」。

〔一八〕「買」，《外集》作「置」。

〔一九〕《外集》句首多「而與」二字。

〔二〇〕「荆公」，《外集》作「王氏」。

〔二一〕「屠者賣肉」，《外集》作「昔者買肉」。

〔二二〕「倡者唱歌」，《外集》作「娼女歌」。

〔二三〕《外集》無「子」字。

〔二四〕「唯」，《外集》作「唯唯」。

考證

《外集》與《仇池筆記》異文重要者有二：第一，異文第二條，《外集》作「予過濟南龍山鎮，監税宋寶國出王氏《華嚴經解》相示」，交代事情發生時地更爲清楚，當是蘇軾熙寧十年（一〇七七）二月自密州赴任河中府，經過齊州（今濟南）時所作，熙寧九年（一〇七六）王安石雖罷相，但新法仍在實施，故文中有「王氏之猪未敗」的影射。另外，《仇池筆記》凡稱王安石皆謂「荆公」，《外集》皆作「王氏」，頗有意味。第二，異文第十六條，《仇池筆記》曰「河陽」，《外集》作「汧陽」。按，猪肉事發生在蘇軾任職鳳翔期間，汧陽距鳳翔不過數十公里，河陽在洛陽附近，當以「汧陽」爲是。

65 李赤詩〔一〕

姑孰堂下詠，怪其語不類太白。〔二〕王平甫云：〔三〕「此李赤詩也。〔四〕赤自比李白，〔五〕故名赤。後爲厠鬼所惑死。」〔六〕今觀其詩止於此，〔七〕以太白自比，〔八〕其心疾已久矣，〔九〕豈厠鬼之罪耶！〔一〇〕

校記

〔一〕《外集》卷四十一「題跋·詩詞」題作「書李白十詠」。

〔二〕此句《外集》作「過姑叔堂下讀李白十詠疑其淺近」。

〔三〕此句《外集》作「見孫邈云聞之王安國」。

〔四〕此句《外集》作「此乃李赤詩秘閣下有赤集此詩在焉白集中無此赤見柳子厚集」。

〔五〕《外集》無「赤」字。

〔六〕此句《外集》作「是爲厠鬼所感而死」。

〔七〕此句《外集》作「今觀此詩正如此」。

〔八〕此句《外集》作「而以比白」。

〔九〕此句《外集》作「則其人心恙已久」。

〔一〇〕此句《外集》作「非特鬼之罪」。

考證

《外集》與《仇池筆記》最重要的異文是第二條，《外集》作「過姑叔堂下，讀李白《十詠》」，可知是東坡親見姑孰《十詠》石刻，而非間接聞知其事。按，陸游《入蜀記》卷二載：「李太白集有《姑熟十詠》，予族伯父彥遠嘗言，東坡自黄州還，過當塗，讀之撫手大笑曰：『贋物敗矣，豈有李白作此語者！』郭功父争，以爲不然，東坡又笑曰：『但恐是太白後身所作耳！』功父甚愠。蓋功父少時，詩句俊逸，前輩或許之，以爲太白後身，功父亦遂以自負，故東坡因是戲之。或曰《十詠》及《歸來乎》《笑矣乎》《僧伽歌》《懷素草書歌》，太白舊集本無之，宋次道再編時，貪多務得之過也。」由此可以確定作於東坡元豐七年（一〇八四）六月底離開黄州、途經當塗（古稱姑孰）之時。

66 論茶[一]

除煩去膩，不可缺茶，[二]然暗中損人不少。[三]吾有一法，[四]每食已，以濃茶漱口，[五]煩膩既出，[六]而脾胃不知，肉在齒間，[七]消縮脱去，[八]不煩挑刺，而齒性便苦，[九]緣此堅密。[一〇]率皆用中下茶，[一一]其上者亦不常有，[一二]數日一啜，不爲害也。[一三]此大有理。[一四]

校記

〔一〕《外集》卷六十一「雜記·草木飲食」題作「漱茶説」。

〔二〕《外集》句首多「世」字。

〔三〕「不少」，《外集》作「殆不少」，句末多「昔人云自茗飲盛後人多患氣不復病黄雖損益相半而消陽助陰益不償損也」。

〔四〕《外集》句末多「常自珍之」。

〔五〕《外集》句首多「輒」字。

〔六〕「出」，《外集》作「去」。

〔七〕「肉在齒間」，《外集》作「凡肉之在齒間者得茶浸漱之」。

〔八〕此句《外集》作「乃消縮不覺脱去」。

〔九〕此句《外集》作「而齒便漱濯」。

〔一〇〕此句《外集》作「緣此漸堅密蠹病自已」。

〔一一〕《外集》句首多「然」字。

〔一二〕「亦」，《外集》作「自」。

〔一三〕《外集》「數」上多「間」字，「不」上多「亦」字。

〔一四〕此句《外集》作「此大是有理而人罕知者故詳述云元豐六年八月二十三日」。

考證

《外集》與《仇池筆記》異文重要者有二：第一，異文第三條，《外集》句末多「昔人云：自茗飲盛，後人多患氣，不復病黄，雖損益相半，而消陽助陰，益不償損也」，對上句説茶「暗中損人不少」作了充分説明。第二，異文第十四條，《外集》多「元豐六年八月二十三日」的寫作時間。按，此時東坡仍在黄州貶謫，暫時還看不到際遇變化的可能，頗多閒暇，把玩瑣事以消磨時日；加上此年春夏多患病（參見孔凡禮《蘇軾年譜》卷二十二「元豐六年」記載），故頗注意飲食，八月二十七日又作《節飲食説》（見《外集》卷六十一「雜記・草木飲食」之「節飲食説」條），可與此則文字互參。

67 魯直詩文

黄魯直詩文如蝤蛑、江瑶柱，格韻高絶，盤飧盡廢。然不可多食，多食則發風動氣。

考證

《外集》僅有東坡評山谷詩兩則文字，無東坡評山谷詩似江瑶柱之文。《外集》卷四十五「題跋·詩詞」之「書黄魯直詩後」條：「每見魯直詩文，未嘗不絶倒。然此卷語妙，殆非悠悠者所識。能絶倒者，已是可人。元祐元年八月二十二日，與定國、子由同觀。」又：「讀魯直詩，如見魯仲連、李太白，不敢復論鄙事。雖若不適用，然不爲無補於世。」「東坡七集」、「東坡大全集」皆無此文，其出處可疑。按，元祐年間吴可《藏海詩話》（語出東坡詩「萬人如海一身藏」）曾將山谷詩論東坡與陶淵明、東坡論杜甫與司馬遷、東坡論荔枝與江瑶柱合觀：「山谷詩云：『淵明千載人，東坡百世士。出處故不同，風味要相似。』有以杜工部問東坡『似何人』，坡云：『似司馬遷。蓋詩中未有如杜者，而史中亦未有如馬者。』又問：『荔枝似何物？』『似江瑶柱。』亦其理也。」似爲《仇池筆記》此條文字之源頭。而《藏海詩話》所論之源頭，似出自《外集》卷六十一「雜記·草木飲食」之「荔枝似江瑶柱説」條：「僕嘗問：『荔支何所似？』或曰：『似龍眼。』坐客皆笑其陋。荔枝實無所似也。僕曰：『荔支似江瑶柱。』應者皆憮然。昨日見畢仲游，僕問：『杜甫似何人？』仲游云：『似司馬遷。』僕喜而不答。蓋與曩言會也。」以及《外集》同卷「荔支龍眼説」條：「閩、越人高荔子而下龍眼。吾爲評之：『荔子如食蝤蛑大蟹，斫雪流膏，一啖可飽；龍眼如食彭越石蟹，嚼齧久之，了無所得。然酒闌口爽，饜飽之餘，則咂啄之味，石蟹有時勝蝤蛑也。』戲書此紙，爲飲流一笑。」總之，《仇池筆記》載東坡論山谷詩文似江瑶柱，從文獻保存流變的情況看，不排除後人合併諸説而歸於東坡的可能性。

68 論漆畏蟹黄

漆畏蟹。予嘗使工作漆器，工以蒸餅潔手而食之，宛轉如中毒狀，急以蟹食之，乃蘇。墨入漆最善，然以少蟹黄敗之乃可，不爾，即堅頑不可用也。

考證

此則文字僅見於《仇池筆記》，「東坡七集」、《外集》、「東坡大全集」皆未收録，明人茅維編《蘇文忠公全集》收録來源未明，俟考。

69 二紅飯

今年東坡收大麥二十餘石，賣之價甚賤，而粳米適盡，故日夜課奴婢舂以爲飯，嚼之嘖嘖有聲。小兒女相調，云是嚼虱子。然日中腹飢，用漿水淘食之，自然甘酸浮滑，有西北村落氣味。今日復令庖人雜小豆作飯，尤有味。老妻大笑曰：「此新樣二紅飯也。」

考證

此則文字僅見於《仇池筆記》，「東坡七集」、《外集》、「東坡大全集」皆未收録，明人茅維編《蘇文忠公全集》收録來源未明，俟考。

70 大禹周公

東坡將别，乞一言於徐仲車。曰：「自古皆有功，獨稱大禹之功；自古皆有才，獨稱周公之才。以其有德以將之故耳。」

考證

此則文字僅見於《仇池筆記》，「東坡七集」、《外集》、「東坡大全集」皆未收録，來源俟考。又，《外集》卷七十五「南遷」載東坡《答徐仲車二首》其二：「昨日既蒙言贈，今日又荷心送，盎然有得，載之而南矣。」「言贈」云云，似與此有關。

卷下

71 論設醴〔一〕

楚元王爲穆生設醴，王戊即位，忘設。穆生遂謝病去，〔二〕申公、白公獨留。戊稍淫暴，二人諫不聽，赭衣雜舂於市。申公愧之，歸魯，而趙綰、王臧言於武帝，以蒲輪召，卒坐綰、臧事病免。穆生遠引於未然之前，申公睠戀於既然之後，謂禍福皆天、不可避絶者，未必然也。

校記

〔一〕明刊通行本「東坡大全集」卷九十二「評史」之「穆生去楚王戊」條：「楚元王敬禮穆生，每置酒，常爲穆生設醴。及王戊即位，常設，後忘設焉。穆生退，曰：『可以逝矣。醴酒不設，王之意怠。楚人將鉗我於市。』稱疾卧。申公與白生强起之，曰：『獨不念先王之德歟？今王一旦失小禮，何足至此。』穆生曰：『君子見幾而作，不俟終日。先王所以禮吾三人者，爲道之存故也。今而忽之，是亡道也。亡道之人，胡可與久處？豈爲區區之禮哉！』遂謝病去。申公、白生獨留。王戊稍淫暴，與吴通謀，二人諫不聽，衣之赭衣，使杵臼舂於市。申公愧之，歸魯教授，不出門。已而趙綰、王臧言於武帝，復以安車蒲輪召，卒坐臟事病免。穆生遠引於未萌之前，而申公眷戀於既悔之後。謂禍福皆天、不可避就者，未必然也。可書之座右，爲士君子終身之戒。」

又見於十二卷本《東坡志林》卷八。

〔二〕「謝」字原闕，據宋刻本補。

考證

《外集》卷十九至卷二十一爲「史評」，未載「穆生去楚王戊」一文。傅增湘舊藏《蘇文忠公集》源於宋本「東坡大全集」（説詳曾祥波《宋刊東坡集源流與價值發覆——以〈東坡先生外集〉與傅增湘舊藏〈蘇文忠公集〉收録詩爲線索》，《文學遺産》二〇二三年第五期），其卷三十九「史論」未載此文。明刊「東坡大全集」卷九十二「評史」載此文，其來源似晚出，俟考。

72 服松脂〔一〕

松脂以鎮定者爲良。〔二〕細布袋盛清水中，〔三〕沸湯煮之，〔四〕浮水面者，罩籬掠取，〔五〕投新水中，〔六〕久煮不出者，棄不用。〔七〕入白茯苓末，〔八〕杵羅爲末。〔九〕每日取三錢，〔一〇〕匕著口中，用少熱水漱，〔一一〕仍如常法擦齒，〔一二〕更啜少熱水咽之，仍漱齒。〔一三〕牢牙、〔一四〕駐顔、烏髭也。

校記

〔一〕《外集》卷六十「雜記・醫藥」題作「服松脂法贈米元章」。

〔二〕「鎮定」，《外集》作「真定」。

〔三〕《外集》無「中」字。

〔四〕此句《外集》作「爲沸湯煮」。

〔五〕「罩籬」，《外集》作「以新罩籬」。

〔六〕「投」，《外集》作「置」。

〔七〕《外集》句首多「皆」字。

〔八〕此句《外集》作「入生白茯苓末不製但削去皮」。

〔九〕此句《外集》作「搗羅拌匀」。

〔一〇〕「每日」，《外集》作「每日早」。

〔一一〕「著」原闕，據明刻六十卷本補。「熱水漱」，《外集》作「熟水攪漱」。

〔一二〕此句《外集》作「仍以指如常法揩齒畢」。

〔一三〕此句《外集》作「仍漱吐如法」。

〔一四〕「牢牙」，《外集》作「能堅牢齒」。

考證

《外集》與《仇池筆記》異文較爲重要者有二：第一，異文第一條《外集》題作「服松脂法（贈米元章）」，可知爲米芾所作。按，蘇軾《睡起聞米元章冒熱到東園送麥門冬飲子》（載「東坡七集」《後集》卷七）：「一枕清風直萬錢，無人肯買北窗眠。開心暖胃門冬飲，知是東坡手自煎。」此詩作於東坡去世前不久，亦是談論醫藥衛生之法，《服松脂法》或亦作於相近時期。第二，異文第二條《外集》作「真定」，是。真定爲地名，《宋史·地理志·河北西路》：「真定府，次府……慶曆八年，初置真定府路安撫使，統真定府、磁相邢趙洺六州……縣九：真定，槀城，欒城，元氏，井陘，獲鹿，平山，行唐，靈壽。」

在今河北正定一帶。

73 孔北海〔一〕

王鞏云：「張安道説，〔二〕蘇子瞻比孔北海、諸葛孔明。〔三〕孔明吾豈敢望，〔四〕北海或似之，然不至若是之惷也。」〔五〕北海以忠義氣節冠天下，〔六〕其勢足與曹操相軒輊，決非兩立者。北海以一死捍漢，〔七〕豈所謂輕於鴻毛者，〔八〕爲何名惷哉？〔九〕

校記

〔一〕《外集》卷五十六「雜記·人物」題作「張安道比孔北海」。

〔二〕「説」，《外集》作「向渠説」。

〔三〕「蘇子瞻比」，《外集》作「子瞻比吾」。

〔四〕「吾豈敢望」，《外集》作「則吾豈敢」。

〔五〕「不至若是」，《外集》作「不若融」。

〔六〕《外集》句首多「吾謂」二字。

〔七〕「漢」,《外集》作「漢室」。
〔八〕《外集》無「豈」字。
〔九〕此句《外集》作「何名爲惷哉」。

74 梁賈

梁民有賈于南者,七年而返。茹啖海藻,呼吸山川之秀,飲泉之香,食土之潔,泠泠然風氣如在其左右,倦遊以歸,且謂得道,徜徉舊都,莫己若也。入其家,登其堂,視其妻,返驚以走。妻勞之,則曰:「何關於汝。」唾而不顧,曰:「若何足以當我。」竟逐其妻。賈歸三年,鄉人憎其行,不與爲婚。而土地風氣蒸變其毛髮,啜菽飲水動揺其肌膚,前日之醜稍稍復故。於是還其室,相待如初。君子謂是行賈也,薄於義多矣。富易交,不常其所守,名教之罪人,而不知學術者蹈之,而不知耻也。交戰利害之場,相劘是非之境,往往忠臣爲敵國,孝子爲降虜,前後紛紛,何獨梁賈也!

考證

此則文字「東坡七集」、《外集》、「東坡大全集」皆未收録。

五卷本《東坡志林》卷三「梁賈説」條：「梁民有賈于南者，七年而後返。茹杏實海藻，呼吸山川之秀，飲泉之香，食土之潔，泠泠風氣如在其左右，朔易弦化，磨去風瘤，望之蝤蠐然，蓋項領也。倦游以歸，顧視形影，日有德色，徜徉舊都，躊躇顧乎四鄰，意都之人與鄰之人十九莫己若也。入其閨，登其堂，視其妻，反驚以走：『是何怪耶？』妻勞之，則曰：『何關於汝！』饋之漿，則憤不飲；舉案而飼之，則憤不食；與之語，則向墻而欷歔；披巾櫛而視之，則唾而不顧。謂其妻曰：『若何足以當我，亟去之！』妻俛而怍，俯而嘆，曰：『聞之，居富貴者不易糟糠，有姬姜者不棄憔悴。子以無癭歸，我以有癭逐。嗚呼癭邪，非妾婦之罪也！』妻竟出。於是賈歸家三年，鄉之人憎其行，不與婚。而土地風氣蒸變其毛脉，啜菽飲水動摇其肌膚，前之醜稍稍復故。於是還其室，敬相待如初。君子謂是行也，知賈之薄於禮義多矣。居士曰：貧易主，貴易交，不常其所守，兹名教之罪人，而不知學術者，蹈而不知耻也。交戰乎利害之場，而相勝於是非之境，往往以忠臣爲敵國，孝子爲格虜，前後紛紜，何獨梁賈哉！」

75 雞唱〔一〕

光、黄人二三月群聚謳歌，〔二〕不中音律，〔三〕宛轉如雞鳴耳，〔四〕與宮人唱漏微相似，〔五〕

但極鄙野。《漢官儀》：「宫中不畜雞，汝南人出長鳴雞，〔六〕衛士候朱雀門外，專傳雞唱。」〔七〕又，應劭曰：「今《雞鳴歌》。」《晉太康地道記》曰：「後漢衛士習此曲，〔八〕於闕下歌之，今《雞唱》是也。」〔九〕顔師古不考本，〔一〇〕妄破此説。今余所聞，豈《雞唱》之遺音乎？〔一一〕今士人謂之「山歌」云。〔一二〕

校記

〔一〕《外集》卷四十二「題跋·詩詞」題作「書雞鳴歌」。

〔二〕此句《外集》作「余來黄州聞黄人二三月皆群聚謳歌」。

〔三〕此句《外集》作「其詞固不可分而其音亦不中律吕」。

〔四〕此句《外集》作「但宛轉其聲往返高下如雞唱爾」。

〔五〕此句《外集》作「與廟堂中所聞雞人傳漏微有相似」。

〔六〕《外集》無「人」字。

〔七〕「專傳雞唱」，《外集》作「專候雞鳴」。

〔八〕「後漢」，《外集》作「後漢固始鯛陽公安細陽四縣」。

〔九〕「雞唱」，《外集》作「雞鳴歌」。

〔一〇〕「本」，《外集》作「本末」。

〔一一〕「今余」，《外集》作「余今」。「豈雞唱之遺音」，《外集》作「豈亦雞鳴之遺聲」。

〔一二〕《外集》無「今」字。「士人」，宋刻本、明鈔五十卷本、明刻六十卷本、《外集》皆作「士人」。

76 王晉卿墨

王晉卿遺墨，用黄金、丹砂，墨成，價與金等。三衢蔡瑫自烟煤膠外，一物不用，特以和劑有法，甚黑而光，殆不減晉卿。胡人謂犀黑暗、象白暗，可以名墨，亦可以名茶。

考證

此則文字不見於「東坡七集」、《外集》與「東坡大全集」，與《外集》「記温公論茶墨」條有部分内容相近，來源俟考。

《外集》卷五十一「題跋·紙墨」之「記温公論茶墨」條：「司馬温公嘗曰：『茶與墨政相反。茶欲白，墨欲黑，茶欲重，墨欲輕，茶欲新，墨欲陳。』予曰：『二物之質誠然，然亦有同者。』公曰：『謂何？』予曰：『奇茶、妙墨皆香，是其德同也。皆堅，是其操同也。譬如賢人君子，妍醜黔皙之不同，其德操韞藏實無以異。』公笑，以爲是。元祐五年十月二十六日，醇老、全翁、元之、敦夫、子瞻同游南屏寺，寺僧謙出奇茗如玉雪，適會三衢蔡熙之子瑫出所造墨，黑如漆。墨欲其黑，茶欲其白，物轉顛倒，未知孰是？大衆一笑而去。」

77 徐仲車二反〔一〕

徐積字仲車，古之獨行，於陵仲子不能過。然其詩文則怪而放，如玉川子，此一反也。耳聵甚，畫地爲字，乃始通，〔二〕終日面壁坐，不與人接，而四方事無不知，〔三〕此二反也。

校記

〔一〕見於《外集》卷五十七「雜記・人物」之「徐仲車二反」條。

〔二〕《外集》句末多「語」字。

〔三〕「知」，《外集》作「周知其詳」。《外集》句末多「雖新且密無不先知」。

78 論漢武帝〔一〕

漢武帝無道，無足觀者，惟踞厠見衛青，不冠不見汲長孺，〔二〕爲可佳耳。若青奴才，雅宜舐痔，踞厠見之，政其宜也。

校記

〔一〕《外集》卷十九「史評」題作「衛青奴才」。五卷本《東坡志林》卷四題作「武帝踞厠見衛青」。

〔二〕「漢武帝」，《外集》作「漢武」。「汲長孺」，《外集》作「汲黯」。

79 硬黄臨二王書〔一〕

王會稽父子書存於世者，蓋一二數。唐人薛、褚之流，〔二〕硬黄臨倣，亦足爲法。〔三〕

校記

〔一〕《外集》卷四十七「題跋·書帖」題作「跋褚薛書」。

〔二〕「薛褚」，《外集》作「褚薛」。

〔三〕「法」，《外集》作「貴」。

80 魯直詩

讀魯直詩，如見魯仲連、李太白，不敢復論鄙事。雖若不入用，亦不無補於世也。

校記

《外集》卷四十五「題跋·詩詞」之「書黄魯直詩後」條：「每見魯直詩文，未嘗不絶倒。然此卷語妙，殆非悠悠者所識。能絶倒者，已是可人。元祐元年八月二十二日，與定國、子由同觀。」又：「讀魯直詩，如見魯仲連、李太白，不敢復論鄙事。雖若不適用，然不爲無補於世。」

考證

參見卷上「魯直詩文」條考證。

81 寶應民〔一〕

秦太虚言：寶應民有以嫁娶會客者，酒半，客一人徑起出門，主人追之，客將赴水者，〔二〕主人急持之。客曰：「有婦人以詩招我，〔三〕其詞云：『長橋直下有蘭舟，破月衝煙任意遊。金玉滿堂何所用，爭如年少去來休。』倉黄就之，不知其爲水也。」〔四〕

校記

〔一〕《外集》卷四十五「題跋·詩詞」題作「記鬼詩」。五卷本《東坡志林》卷二題作「記鬼」。

〔二〕「者」字原闕，據宋刻本補。此句《外集》作「客若醉甚將赴水者」。

〔三〕《外集》無「有」字。

〔四〕《外集》文末多「然客亦無他夜會説鬼參寥舉此聊爲記之」。

考證

《外集》與《仇池筆記》異文重要者爲第四條，《外集》文末多「然客亦無他。夜會説鬼，參寥舉此，聊爲記之」，則其事爲參寥所言，然開篇又稱「秦太虚曰」，似謂參寥舉秦觀所説事爲談資，頗覺輾轉曲折。

82 佛受戒平冤〔一〕

李如損之妹既笄，〔二〕發病，見前世冤對，日日笞之，〔三〕遂歸誠佛法。夢中見佛與受

戒，平遺冤者。李因蔬食不嫁。〔四〕

校記

〔一〕《外集》卷四十「題跋·雜文」題作「跋魯直李氏傳」。

〔二〕「損」，《外集》作「埍」。

〔三〕「日日」，《外集》作「日夜」。

〔四〕《外集》文末多「黄魯直爲記僕題其後云」。

考證

《外集》與《仇池筆記》異文重要者爲異文第一、第四條，可知此則文字原是東坡跋黄庭堅所作《李氏傳》。《仇池筆記》僅擷取其中所説異事，不顧文體，是筆記編纂的好奇風氣。

83 蔡君謨書

僕嘗論蔡君謨書爲本朝第一，議者多以爲不然。或謂君謨書爲弱，殊非知書者。若江南李主，外勁險而中實無有，此真可謂弱者。以李主爲勁，則宜以君謨爲弱。

校記

《外集》卷四十八「題跋·書帖」之「跋君謨書賦」條：「余評近歲書，以君謨爲第一，而論者或不然，殆未易與不知者言也。書法當自小楷出，豈有正未能書而以行草稱也？君謨年二十九，而楷法如此，知其本末矣。」

《外集》卷四十八「題跋·書帖」之「跋君謨書」條：「僕論書，以君謨爲當世第一，多以爲不然，然僕終守此說也。」

《外集》卷四十九「題跋·書帖」之「跋蔡君謨書」條：「僕嘗論君謨書爲本朝第一，議者多以爲不然。或謂君謨書爲弱，此殊非知書者。若江南李王，外託勤儉而實無有，此真可謂弱者。世以李王爲健，則宜以君謨爲弱也。元豐八年七月四日。」

考證

蘇軾以蔡君謨書爲當時第一，反覆申說，或與他人不認同這一看法有關，這一點從每次都言及「論者以爲不然」可以看出。按照《外集》以時編次的規律，《仇池筆記》收録爲較晚出者，作於元豐八年（一〇八五）。此前東坡論蔡書爲第一，是從書法循序漸進的角度談，認爲蔡君謨楷書基礎牢固，這一次談蔡書之長，是從與李後主書法比較的角度看問題，說明東坡一直試著從不同角度說服反對者，可謂執著而有耐心。

84 張子野詩〔一〕

張子野詩筆老妙，歌詞乃餘波爾。《華州西溪》云：「浮萍破處見山影，野艇歸來聞草聲。」〔二〕和予詩云：〔三〕「愁似鰥魚知夜永，懶同蝴蝶爲春忙。」若此之類，皆可追配古人，〔四〕而世俗但稱其歌詞。晉周昉畫人物，〔五〕入神品，〔六〕世但知有周昉畫士女，〔七〕可謂未見好德如好色者歟！〔八〕

校記

〔一〕《外集》卷四十五「題跋・詩詞」題作「題張子野詩集後」。

〔二〕此句《外集》作「小艇歸時聞草聲」。

〔三〕此句《外集》作「與余和詩云」。

〔四〕「可」，《外集》作「可以」。

〔五〕「晉」，《外集》作「昔」。

〔六〕《外集》句首多「皆」字。

〔七〕此句《外集》作「而世俗但知有周昉士女」。

〔八〕「可」，《外集》作「蓋所」。《外集》文末多「元祐五年四月二十一日」。

考證

《外集》與《仇池筆記》異文重要者爲第八條，《外集》文末多「元祐五年四月二十一日」，可知此則文字作於東坡再任杭州之際。杭州是蘇軾與張先（子野）舊遊之地，又是北宋刻書業中心之一，張先以詞名家，早已於元豐元年（一〇七八）去世，有可能東坡元祐五年（一〇九〇）在杭州任上得到新刊《張先詩集》，有感而作。

85 林檎詩〔一〕

兒子邁幼作《林檎》詩云：〔二〕「熟顆無風時自落，半腮迎日鬬鮮紅。」〔三〕於等輩中號有思致者。〔四〕又詩：〔五〕「葉隨流水歸何處，牛帶寒鴉過晚村。」〔六〕此亦可人。〔七〕

校記

〔一〕《外集》卷四十六「題跋·詩詞」題作「書邁詩」。

〔二〕「幼作」，《外集》作「幼時嘗作」。
〔三〕「落」，《外集》作「脱」。「鮮」，《外集》作「先」。
〔四〕「號」，《外集》作「亦號」。《外集》句末多「今已老無他技但亦時出新句也嘗作酸棗尉」。
〔五〕「又詩」，《外集》作「有詩云」。
〔六〕「鴉」字原闕，據明鈔五十卷本、明刻六十卷本補。「晚村」，《外集》作「别村」。
〔七〕此句《外集》作「亦可喜也」。

考證

《外集》與《仇池筆記》異文較重要者有二：第一，異文第四條，《外集》句末多「今已老，無他技，但亦時出新句也。嘗作酸棗尉」。按，蘇邁於元祐元年（一〇八六）至元祐四年（一〇八九）任酸棗尉（見孔凡禮《蘇軾年譜》），可知此則文字作於元祐四年之後。第二，異文第六條，《仇池筆記》「葉隨流水歸何處，牛帶寒鴉過晚村」，「晚村」《外集》作「别村」，對「何處」更佳。

86 鳳咮硯

僕好用鳳咮石硯，論者多異同，蓋少得真者，黯淡灘石亂之耳。唐彦猷以青州紅絲石爲甲，或云唯堪作骰盆，蓋未見佳者。

校記

《外集》卷五十二「題跋・筆硯」之「書雲庵紅絲硯」條：「唐彦猷以青州紅絲石爲甲。或云：『惟堪作骰盆，蓋亦不見佳者。』今觀雲庵所藏，乃知前人不妄許可。」

《外集》卷五十二「題跋・筆硯」之「書鳳咮硯」條：「僕好用鳳咮石硯，然論者多異同。蓋自少得真者，爲黯黮灘石所亂耳。」

考證

此則文字前半部分談鳳咮硯，後半部分談紅絲石，兩部分内容之間雖没有直接聯繫，但都談及硯臺，難以遽作判斷。《外集》「書雲庵紅絲硯」與「書鳳咮硯」兩條前後相連，可見《仇池筆記》編者將兩條前後相連的手稿誤編爲一條，不通過《外集》很難發現它們是各自獨立的兩條札記。另外，《外集》卷五十二「題跋・筆硯」之「書鳳咮硯」條：「建州北苑鳳凰山，山如飛鳳下舞之狀。山下有石，聲如銅鐵，作硯至美，如有膚筠然，此殆玉德也。疑其太滑，然至益墨。熙寧五年，國子博士王熙始知以爲硯，而求名於余。余名之曰『鳳咮』，且又戲銘其底云：『坐令龍尾羞牛後。』歙人甚病此言。余嘗使人求硯於歙，歙人云：『何不只使鳳咮石？』卒不得善硯。乃知名者物之累，争媢之所從出也。或曰：『石不知，惡争娼也？』余曰：『既不知，惡争娼，則亦不知好美名矣。』」可作「論者多異同」的注腳。「争娼之所從出」條編次也在「論者多異同」條之前，意味著寫作時間在先，或正是東坡感嘆「論者多異同」的心理背景。

87 李十八草書

劉十五論李十八草書，謂之「鸜哥嬌」，意謂鸜鵒能言，不過數句，大率雜以鳥語。十八自後稍進，以書問僕：「近日比舊何如？」僕答曰：「可作秦吉了矣。」

校記

《外集》卷四十八「題跋・書帖」題作「題李十八浄因雜書」，文末多：「然僕此書自有『公在乾侯』之態也。子瞻書。」

《外集》卷四十八「題跋・書帖」之「跋文與可草書」條：「李公擇初學草書，所不能者，輒雜以真、行。劉貢父謂之『鸜哥嬌』。其後稍進，問僕：『吾書比舊來何如？』僕對：『可謂秦吉了矣。』與可聞之大笑。是日，坐人争索與可草書，落筆如風，初不經意。劉意謂鸜鵒之於人言，止能道此數句耳。十月一日。」

考證

《外集》文末多「然僕此書自有『公在乾侯』之態也」。「公在乾侯」典出《春秋·昭公三十一年》，《左傳》謂：「公在乾侯，言不能外内也。」杜預注：「公内不容於臣子，外不容於齊、晉，所以久在乾侯。」蘇軾的意思是，想來李公擇與劉貢父兩人對「可作秦吉了」的評價都不滿意。按，南宋周去非《嶺外代答》卷九「禽獸門」載：「秦吉了……能人言及咳嗽謳吟，聞百蟲音，隨輒效學，比鸚鵡尤慧。大抵鸚鵡聲如兒女，秦吉了聲則如丈夫。」可知秦吉了比鸚鵡學人語更進一步，蘇軾表揚李公擇草書有進步。李公擇與劉貢父都不滿意的原因大概在於，被評者李公擇不滿意蘇軾的新評價仍停留在指爲學語鳥的層次，評論者劉貢父不滿意蘇軾未能理解自己「鸚哥嬌」評價的核心在於概念底線，底線之下，没有區分程度高低的必要。劉攽是史學家，一向嚴謹，想來不能接受雜糅真書、行書的不純粹草書。

88 楊凝式書〔一〕

唐末五代文章卑泥，〔二〕字畫從之，〔三〕而楊凝式筆蹟雄强，〔四〕往往與顏行相上下。〔五〕今世多稱李建中、宋宣獻，此二人書僕所不曉，宋寒而李俗，殆是浪得名。惟蔡君謨書姿格既高，〔六〕而學亦至，當爲本朝第一。

校記

〔一〕《外集》卷四十八「題跋·書帖」題作「王文甫達軒評書」。
〔二〕「泥」字原闕，據明鈔五十卷本、明刻六十卷本補。「卑泥」，《外集》作「卑陋」。
〔三〕「從之」，《外集》作「隨之」。
〔四〕此句《外集》作「楊公凝式筆爲雄」。
〔五〕「顔」字原闕，據明刻六十卷本補。「行」，《外集》作「柳」。《外集》句末多「甚可怪也」。
〔六〕《外集》「惟」下多「近日」二字。「姿格」，《外集》作「天資」。

考證

《外集》與《仇池筆記》異文重要者爲第一條，《外集》題作「王文甫達軒評書」，可見這是記録王文甫的看法。《外集》編次的上一條是「雜評」：「楊凝式書，頗類顔行。李建中書，雖可愛，終可鄙，雖可鄙，終不可棄。李國士本無所得，舍險瘦，一字不成。宋宣獻書，清而復寒，正類李留臺，重而復寒，俱不能濟所不足。蘇子美兄弟俱太俊，非有餘，乃不足也。蔡君謨爲近世第一，但大字不如小字，草字不如真字，真不如行也。」這是蘇軾的看法，多與王文甫相似，也許這正是蘇軾記録王氏看法的原因，激賞而引爲知己。《外集》編次下一條是「書贈王文甫」：「王文甫好典買古書畫諸物，今日典端硯及陳歸聖篆字。余請攀歸聖例，每日持一兩紙典。文甫言甚善。川僧清悟在旁，知狀。」所謂「文甫言甚善」，或許就是指蘇軾上一條記録的内容。按，王文甫是蘇軾在黄州結交的友人，據此還可以確定這則文字作於黄州時期。

89 杜甫詩

杜甫詩固無敵，然自「致遠」已下句，甚村陋也。世人雷同，不復譏評，過矣。然亦不能掩其美也。

校記

《外集》卷四十二「題跋・詩詞」之「記子美陋句」條：「『減米散同舟，路難思共濟。向來雲濤盤，衆力亦不細。呀帆忽遇眠，飛櫓本無蒂。得失瞬息間，致遠疑恐泥。百慮視安危，分明曩賢計。兹理庶可廣，拳拳期勿替。』杜甫詩固無敵，然自『致遠』以下句，真村陋也。此最其瑕謫，世人雷同，不復譏評，過矣！然亦不能掩其善也。」

考證

《外集》收録蘇軾評杜甫詩多達十一條，僅此一條爲批評。《仇池筆記》上卷已取四條，下卷僅取兩條，此其一也。此條删去蘇軾所引杜甫《解憂》詩，似僅關注正文中「村陋」評語而非杜詩内容，不便讀者。南宋初年趙次公作《杜詩趙次公先後解》，注《解憂》説：「東坡先生云：『減米散同舟』至『拳拳期勿替』，杜甫詩固無敵，然自『致遠』以下句，真村陋也。此最其瑕謫，世人雷同，不復譏評，過矣。然亦不能掩其善也。——東坡之説如此，然公之意亦以藉衆力而濟險，猶資百慮而持危者矣，故曰『理可廣』也。」對東坡的意見作了些許糾正。

90 與曇秀唱和

余在廣陵，送客山光寺。曇秀作詩云：「扁舟乘興到山光，古寺臨流勝氣藏。慚愧南風知我意，吹將草木作天香。」余和云：「鬧裏清遊借隙光，醉時真境發天藏。夢回拾得吹來句，十里南風草木香。」

校記

《外集》卷四十六「題跋・詩詞」之「書曇秀詩」條：「予在廣陵，與晁無咎、曇秀道人同舟送客山光寺。客去，予醉卧舟中。曇秀作詩云：『扁舟乘興到山光，古寺臨流勝氣藏。慚愧南風知我意，吹將草木作天香。』予和云：『閑裏清游借隙光，醉時真境發天藏。夢回拾得吹來句。十里南風草木香。』予昔對歐陽文忠公誦文與可詩云：『美人卻扇坐，羞落庭下花。』公云：『此非與可詩，世間元有此句，與可拾得耳。』後三年，秀來惠州見予，偶記此事。」

考證

《外集》交代曇秀作詩、東坡和詩的前因後果全面清楚，東坡和曇秀詩使用的「拾得」典故來自歐陽修對文與可作詩的評論，兩事因此聯繫爲一條。《仇池筆記》將其拆分爲兩條（另一條見下），破壞了東坡手稿的本意。另外，《外集》還保留了寫作時地信息。王宗稷《東坡先生年譜》稱：「紹聖三年丙子，先生年六十一，在惠州……有曇秀道人來訪先生，而先生題其詩卷云：『予在廣陵，曇秀作詩，予和之。後五年，曇秀來惠州見予。』且先生以壬申知揚州，至是恰五年矣。」與此正合。

91 文與可詩

昔對歐公誦文與可詩，云：「美人卻扇坐，羞落庭下花。」公曰：「世間元有此句，與可拾得爾。」

考證

參見上條考證。

92 論董秦〔一〕

玉川子《月蝕》詩云：「歲星主福禄，〔二〕官爵奉董秦。」〔三〕詳味此語，〔四〕當是無功而享厚禄者。〔五〕秦本忠臣，〔六〕天寶末屢戰立功，〔七〕亦頗知義。〔八〕代宗時，吐蕃犯闕，徵兵，秦即日赴難，〔九〕或勸擇日，答曰：〔一〇〕「君父在難，乃擇日耶？」後汙朱泚僞命，〔一一〕誅。考其終始，非無功而享禄者，〔一二〕不知玉川子何以有此句？〔一三〕

校記

〔一〕原作「論秦董秦」，據明鈔五十卷本、明刻六十卷本改。《外集》卷四十三「題跋・詩詞」題作「書玉川子詩論李忠臣」。

〔二〕「福禄」，《外集》作「福德」。

〔三〕「奉」原作「秦」，據明鈔五十卷本、明刻六十卷本改。《外集》句末多「忍使黔婁生覆屍無衣巾」。

〔四〕「此語」，《外集》作「此句」。

〔五〕《外集》句首多「則董秦」字。

〔六〕此句《外集》作「董秦李忠臣也」。

〔七〕此句《外集》作「天寶末驍將屢立戰功」。

〔八〕此句《外集》作「雖麄暴亦頗知忠義」。

〔九〕「秦」，《外集》作「忠臣」。

〔一〇〕「答曰」，《外集》作「忠臣怒曰」。

〔一一〕「後」，《外集》作「後卒」。

〔一二〕「非」字據明鈔五十卷本、明刻六十卷本補。「禄」，《外集》作「厚禄」。

〔一三〕《外集》文末多「紹聖元年十一月二十三日」。

考證

《外集》與《仇池筆記》異文較重要者有三：第一，異文第六條，《仇池筆記》「秦本忠臣」，《外集》作「董秦，李忠臣也」，表述更清楚，即「李忠臣」是董秦的御賜姓名。《仇池筆記》編纂後的文本很容易讓人誤會「忠臣」只是對董秦品性的讚揚。第二，《仇池筆記》「屢立戰功」之後，《外集》多「雖麄暴」，與下句「亦頗知義」銜接更緊密。第三,《外集》文末多「紹聖元年十一月二十三日」的寫作時間信息。

93 樂天燒丹

樂天作廬山草堂,燒丹欲成,而爐鼎敗。明日,忠州刺史除書到,乃知世間事不兩工也。

校記

《外集》卷六十二「雜記」之「事不能兩立」條:「樂天作廬山草堂,蓋亦燒丹也,欲成而爐鼎敗。明日,忠州刺史除書到。乃知世間、出世間事不兩立也。僕有此志久矣,而終無成者,亦以世間事未敗故也。今日真敗矣。《書》曰:『民之所欲,天必從之。』信而有徵。紹聖元年十月二十日。」

考證

此則文字亦見五卷本《東坡志林》卷一「樂天燒丹」條,惟闕文末「紹聖元年十月二十日」一句。《仇池筆記》更進一步,删去了東坡自我比附、感慨的内容以及寫作時間信息,將這則文字變成了與東坡毫無關係的純粹異聞。

94 盤遊飯谷董羹

江南人好作「盤遊飯」，鮓脯膾炙無不有，埋在飯中，里諺曰「掘得窖子」。羅浮穎老取凡飲食雜烹之，名「谷董羹」。詩人陸道士出一聯，云：「投醪谷董羹鍋內，掘窖盤遊飯盌中。」

校記

《外集》卷四十六「題跋・詩詞」之「書陸道士詩」條：「江南人好作『盤游飯』，鮓脯膾炙無不有，然皆埋之飯中，故里諺云：『撅得窖子。』羅浮穎老取凡飲食雜烹之，名『谷董羹』，坐客皆稱善。詩人陸道士遂出一聯句，云：『投醪谷董羹鍋裏，撅窖盤游飯椀中。』東坡大喜，乃爲録之，以付江秀才收，爲異時一笑。吴子野云：『此羹可以澆佛。』翟夫子無言，但咽唾而已。丙子十二月八日。」

考證

《外集》記載了陸道士作聯的場景、人物、時間，《仇池筆記》盡數删去，僅保留帶有異聞性質的前半部分。《外集》所云「丙子」，是紹聖三年（一〇九六）十二月。王宗稷《東坡先生年譜》稱：「紹聖三年丙子，先生年六十一，在惠州……時吴遠游、陸道士客於先生，歲暮以無酒爲嘆。」王宗稷《年譜》當據東坡和陶詩《和〈歲暮作和張常侍〉》序云：「十二月二十五日，酒盡，取米欲釀，米亦竭。時吴遠游、陸道士客於余，因讀淵明《歲暮和張常侍》詩，亦以無酒爲嘆，乃用其韻贈二子。」又，陸道士其人見蘇軾《陸道士墓誌銘》（「東坡七集」《後集》卷十八）：「道士陸惟忠，字子厚，眉山人。家世爲黄冠師。子厚獨狷潔精苦，不容於其徒，去之遠游。始見予黄州，出所作詩，論内外丹指略，蓋自以爲決不死者……其後十五年，復來見予惠州，則得瘦疾，骨見衣表，然詩益工，論内外丹益精。」翟夫子是惠州當地的翟秀才，東坡《白鶴峰新居欲成夜過西鄰翟秀才二首》（「東坡七集」《後集》卷六）：「林行婆家初閉户，翟夫子舍尚留關。」皆與《外集》所載吻合。

95　參寥詩〔一〕

夜夢參寥攜一軸詩見過，〔二〕覺而記其《飲茶詩》兩句云：〔三〕「寒食清明都過了，石泉槐火一時新。」夢中問：「火固新矣，泉何故云新？」〔四〕答曰：「俗以清明日淘井。」〔五〕

校記

〔一〕《外集》卷四十四「題跋・詩詞」題作「記參寥詩」。五卷本《東坡志林》卷一題作「記夢參寥茶詩」。

〔二〕「夜」，《外集》作「昨夜」。「參寥攜」，《外集》作「參寥師手攜」。

〔三〕「而」字原闕，「飲」原作「飯」，據宋刻本補、改。

〔四〕「云新」，《外集》作「新」。

〔五〕「清明日」，《外集》作「清明」。《外集》文末多「當續成一詩以記其事」。

考證

《外集》卷四十五「題跋・詩詞」之「書參寥詩」條載：「僕在黄州，參寥自吴中來訪，館之東坡。一日，夢見參寥所作詩，覺而記其兩句云：『寒食清明都過了，石泉槐火一時新。』後七年，僕出守錢塘，而參寥始卜居西湖智果院。院有泉出石縫間，甘冷宜茶。寒食之明日，僕與客泛湖，自孤山來謁參寥，汲泉鑽火，烹黄蘗茶，忽悟所夢詩兆於七年之前，衆客皆驚歎，知傳記所載，非虚語也。元祐五年二月二十七日書。」東坡雖未「續作一詩」，但元祐五年（一〇九〇）寒食次日汲泉烹茶之會的回憶講述，也算是事實性的「續作」。另外還可以推知本條文字作於元豐六年（一〇八三）。按照精神分析學説，儘管人們常常追憶與當下場景似曾相識的舊日場景，以此論證命運前定，但其中所謂的「舊日場景」往往是當下臨時産生的「虚構記憶」，它是爲了作爲證據而被無意識生産出來的。東坡元豐六年「記參寥詩」札記的存在，説明元祐五年「書參寥詩」當下場景中追憶的舊日場景確實存在過，並非無意識的臨時虚構。這條札記可以作爲反例，説明理論未必能統攝一切，生活中確有偶然巧合存在。

96 煮猪頭頌〔一〕

净洗鍋，淺著水，深壓柴頭莫教起。〔二〕黄州賤如土，〔三〕富者不肯喫，〔四〕貧者不解煮。〔五〕有時自家打一盌，〔六〕自飽自知君莫管。〔七〕

校記

〔一〕《外集》卷二十三「頌」類題作「煮猪肉羹頌」。

〔二〕此句《外集》作「少着水柴頭罨煙焰不起」。《外集》句末多「待他自熟莫催他火候足時他自美」。

〔三〕此句《外集》作「黄州好猪肉價賤如泥土」。

〔四〕「富者」，《外集》作「富人」。

〔五〕「貧者」，《外集》作「貧人」。

〔六〕「有時自家」，《外集》作「每日早晨」。

〔七〕「自飽自知」，《外集》作「飽得自家」。

考證

《外集》與《仇池筆記》異文最重要者是第一條，《仇池筆記》作「猪頭」，《外集》作「猪肉羹」。據《外集》異文第六條「每日早晨打一盌」，當以「猪肉羹」拟題更恰當。按，《仇池筆記》作「猪頭」，或受《外集》卷六十八《小簡·黃州·與子安兄》影響，書曰：「近於城中得荒地十數畝，躬耕其中。作草屋數間，謂之東坡雪堂。種蔬菜果，聊以忘老……常親自煮猪頭，灌血晴，作姜豉菜羹，宛有大安滋味。此書到日，相次，歲猪鳴矣。老兄嫂團坐火爐頭，環列兒女，墳墓咫尺，親眷滿目，便是人間第一等好事，更何所羨。」

97 䕭草詩〔一〕

杜子美有《除䕭草》一篇，蜀中謂之毛䕭，〔二〕毛芒可畏，觸之如蜂蠆。〔三〕治風疹，〔四〕以此草點之，〔五〕一身失去。〔六〕葉背紫者入藥。杜詩注云：「䕭，音灊，山韭也。」〔七〕

校記

〔一〕《外集》卷六十「雜記・醫藥」題作「菼草録」。

〔二〕「杜子美」，《外集》作「杜甫詩」。《外集》「蜀中」前多「今」字。

〔三〕《外集》句末多「然」字。

〔四〕「疹」，《外集》作「疼」。

〔五〕《外集》句首多「擇最先者」四字。

〔六〕「身」字原闕，據明鈔五十卷本、明刻六十卷本補。「失去」，《外集》作「皆失去」。

〔七〕《外集》無「杜詩注云」一句。

考證

《外集》與《仇池筆記》異文重要者是第五條「擇最先者以此草點之」與第六條「一身皆失去」。據《外集》文本可知，菼草治療風疹的方法是用菼草接觸身體中最早産生風疹的部位。可以推想，雖然這個部位受到菼草傷害，但能使全身繼發的風疹都痊癒，是以局部换取整體利益的療法。《仇池筆記》文本表述不够清楚，讓人誤以爲需要以菼草點遍全身患處，如此恐怕將殺敵八百、自損一千——按照《仇池筆記》的記載治療風疹，後果不堪設想，真是一字萬鈞、驚心動魄。

98 採艾〔一〕

端午日，日未出時，〔二〕以意求艾似人者採之，〔三〕以灸，殊效。〔四〕一書中見之，〔五〕忘其爲何書也。艾未有真似人者，於明暗間以意命之而已。〔六〕萬法皆妄，無一真者，此何疑也。〔七〕

校記

〔一〕《外集》卷六十「雜記・醫藥」題作「艾人着灸法」。

〔二〕此句《外集》作「端午日未出」。

〔三〕「以意求艾」《外集》作「艾中以意求」。「採之」，《外集》作「輒擷之」。

〔四〕「殊效」，《外集》作「殊有效」。

〔五〕此句《外集》作「幼時見一書中云爾」。

〔六〕「以意」，《外集》作「苟以意」。

〔七〕《外集》作「在何疑焉」。

99 治内障眼

《本草》云：「熟地黄、麥門冬、車前子相雜，治内障眼有效。」屢試，信然。其法：細搗，羅蜜爲丸，如桐子大。三藥皆難搗，羅和合，異常甘香，真奇藥也。露蜂房、蛇蜕皮、亂髮，各燒灰存性，取錢匕，酒服，治瘡久不合。

考證

此則文字不見於「東坡七集」、《外集》。南宋張杲《醫説》卷四收録此文，注明出自「東坡大全篇」，然通行明刊「東坡大全集」未見此文。又，《蘇沈良方》亦收録此文，南宋晁公武《郡齋讀書志》指出《蘇沈良方》以沈括書爲主，後人附益以蘇軾醫學雜説。據此可知諸如「治内障眼」之類的「蘇軾醫學雜説」或僅見載於兩宋之際的坊本東坡雜纂書中（如《醫説》所謂「東坡大全篇」之屬），因其來源不純，故不見於補遺「東坡七集」之《外集》，甚至不見於合併「七集」與《外集》的「東坡大全集」，但爲好奇如《仇池筆記》之書收録。

另外，此則文字應分爲兩條：第一條爲「治内障眼」，自「本草」至「真奇藥也」；第二條爲「治瘡久不合」，自「露蜂房」至文末。兩條雜糅，亦可見《仇池筆記》收録時的隨意粗疏。

100 潘谷墨

潘谷墨既精妙，而價不二。一日，忽取欠墨錢券焚之，飲酒三日，發狂赴井死。人下視之，趺坐井中，尚持數珠也。

校記

《外集》卷五十一「題跋・紙墨」之「書潘谷墨」條：「賣墨者潘谷，予不識其人，然聞其所爲，非市井人也。墨既精妙，而價不二。士或不持錢求墨，不計多少，與之。此豈徒然者哉！余嘗與詩云：『一朝入海尋李白，空看人間畫墨仙。』一日，忽取欠墨錢券焚之，飲酒三日，發狂浪走，遂赴井死。人下視之，蓋趺坐井中，手尚持數珠也。見張元明，言如此。」

考證

元豐七年（一〇八四），蘇軾《贈潘谷》（載於「東坡七集」《前集》卷十四）云：「潘郎曉踏河陽春，明珠白璧驚市人。那知望拜馬蹄下，胸中一斛泥與塵。何似墨潘穿破褐，瑯瑯翠餅敲玄笏。布衫漆黑手如龜，未害冰壺貯秋月。世人重耳輕目前，區區張李爭媸妍。一朝入海尋李白，空看人間畫墨仙。」

《外集》所載詩即此篇。又，《外集》卷七十五「小簡·南遷」收録《與張元明》：「前日承追餞南都，又送子由至筠，風義之厚，益增感慨。比日，且審起居佳勝。萬里之別，後會杳未有期。伏乞善加保練。」信函作於紹聖元年（一〇九四）。此則文字既言潘谷事是「見張元明言如此」，當亦作於是年。

101 雪堂義尊〔一〕

元祐中，〔二〕駙馬都尉王晉卿置墨十數品，〔三〕雜研之，作數十字，以觀色淺深。〔四〕若果佳，當擣和爲一品。〔五〕昔在黄州，〔六〕鄰近四五州送酒，〔七〕合置一器，〔八〕謂之雪堂義尊。又爲雪堂義墨耶！〔九〕

校記

〔一〕《外集》卷五十一「題跋·紙墨」題作「書雪堂義墨」。

〔二〕此句《外集》作「元祐三年十二月二十一日」。

〔三〕「置墨十數品」，《外集》作「致墨二十六丸凡十餘品」。

〔四〕「色淺深」，《外集》作「其色之深淺」。

〔五〕《外集》句末多「亦當爲佳墨」。

〔六〕《外集》句首多「予」字。

〔七〕「州送酒」，《外集》作「郡皆送酒」。

〔八〕此句《外集》作「予合置一器中」。

〔九〕《外集》句首多「今」字。「耶」，《外集》作「也耶」。

考證

《外集》與《仇池筆記》異文較重要者是第二條，《外集》作「元祐三年十二月二十一日」，時間精確。按，王宗稷《東坡先生年譜》「元祐三年」載：「及與王晉卿論雪堂義墨，及爲文驥作《字説》。又，十二月二十一日，立延和殿中，論盛度誥詞。」王宗稷似未注意《外集》所載此則文字，故並未將「與王晉卿論雪堂義墨」與「十二月二十一日立延和殿中論盛度誥詞」視爲同一天發生的事件，可據此改正。另，此條内容重心在於介紹王詵「義墨」，《外集》正題作「書雪堂義墨」，《仇池筆記》編纂者題爲「雪堂義尊」，可謂擬題失當。

102 顔魯公臨逸少字〔一〕

顔真卿寫碑，〔二〕唯《東方朔畫贊》最爲清雄。〔三〕後見逸少本，乃知魯公字臨此，〔四〕雖

大小相懸，〔五〕而意良是，〔六〕非自得於書，未易爲言之也。〔七〕

校記

〔一〕《外集》卷四十七「題跋・書帖」題作「題顔公書畫贊」。

〔二〕「顔真卿寫碑」，《外集》作「顔魯公平生寫碑」。

〔三〕「最爲」，《外集》作「爲」。《外集》句末多「字間櫛比而不失清遠」。

〔四〕「字臨此」，《外集》作「字字臨此書」。

〔五〕「大小」，《外集》作「小大」。

〔六〕「意」，《外集》作「韻氣」。

〔七〕「之」，《外集》作「此」。

考證

《外集》與《仇池筆記》異文重要者爲第三條，《外集》句末多「字間櫛比而不失清遠」，這是對「清雄」的解釋，即字與字之間位置整飭對應，但每字仍有獨立體勢，不失靈動之趣——通過這個解釋，東坡推崇正變相間、獨立個性的書法趣味就比較清楚地表達出來。

103 歐公書〔一〕

歐公用尖筆，〔二〕作方闊字，神采秀發，膏潤無窮。後人見之，〔三〕如見其清晬豐頰，〔四〕雅趣裕如也。〔五〕

校記

〔一〕《外集》卷四十八「題跋·書帖」題作「跋歐陽文忠公書」。
〔二〕此句《外集》作「歐陽文忠公用尖筆乾墨」。
〔三〕「見之」，《外集》作「觀之」。
〔四〕「清晬」，「晬」字原闕，據明刻六十卷本補。《外集》作「清眸」。
〔五〕「裕如」，《外集》作「曄如」。

104 荆公書

王荆公書得無法之法，然不可學，學之則無法。僕書作意求之，頗似蔡君謨，稍得意則似楊風子，更放則似言法華。

考證

此則文字不見於「東坡七集」、《外集》、「東坡大全集」。

105 真人之心

道家云：「心不離田，手不離宅。」又云：「真人之心，若珠在淵。衆人之心，若瓢在水。」

校記

《外集》卷三十九「題跋·雜文」之「記導引家語」條：「導引家云：『心不離田，手不離宅。』此云極有理。又云：『真人之心，如珠在淵，衆人之心，如瓢在水。』此善喻者。」

五卷本《東坡志林》卷一「導引語」條「此云極有理」作「此語極有理」，「若瓢在水」作「如泡在水」。

106 搬運法〔一〕

揚州有武官侍其者，〔二〕官于二廣十餘年，〔三〕終不染瘴，面紅膩，〔四〕腰足輕快。〔五〕初不服藥，〔六〕每日五更起坐，兩足相向，〔七〕熱摩湧泉無數，以汗出爲度。歐公平日不信仙佛，〔八〕笑人行氣。晚年云：〔九〕「數年來足瘡一點，痛不可忍。〔一〇〕近有人傳一法，〔一一〕用之三日，不覺失去。」其法，重足坐，〔一二〕閉目握固，縮穀道，摇颭兩足，如氣毬狀。〔一三〕氣極即休，〔一四〕氣平復爲之，日七八，得暇即爲，〔一五〕乃搬運捷法也。〔一六〕文忠痛已即廢，若不廢，〔一七〕當有益。〔一八〕

校記

〔一〕《外集》卷五十九「雜記·修煉」題作「侍其公氣術」。

〔二〕《外集》句末多「偶忘其名」一句。

〔三〕「二廣」，《外集》作「二廣惡地」。

〔四〕「紅膩」，《外集》作「紅盛」。

〔五〕「輕快」，《外集》作「輕駛」。《外集》句末多「年八十九乃死」。
〔六〕《外集》句末多「維用一法」。
〔七〕「兩足」，《外集》作「兩掌」。
〔八〕「歐公平日」，《外集》作「歐陽文忠公」。
〔九〕此句《外集》作「晚年見之云」。
〔一〇〕此句《外集》作「吾數年來患足氣一痛殆不可忍」。
〔一一〕「近」，《外集》作「近日」。
〔一二〕「重足」，《外集》作「垂足」。
〔一三〕此句《外集》作「如攝氣球狀」。
〔一四〕此句《外集》作「無數氣極即少休」。
〔一五〕此句《外集》作「得暇即爲之無定時蓋湧泉與腦通閉縮摇颭即氣上潮」。
〔一六〕「乃」，《外集》作「此乃」。
〔一七〕「痛」，《外集》作「疾」。「即」，《外集》作「則」。「若」，《外集》作「使其」。
〔一八〕《外集》文末多「至言不煩不可忽也」。

考證

《外集》與《仇池筆記》異文較爲重要者有兩處：第一，異文第十二條，《仇池筆記》「重足坐」，《外集》作「垂足坐」。「重足坐」很難理解，如果是雙腿自然交疊坐，絶非練氣的正確姿態，如果是盤腿交疊坐，就做不到下文所説「摇颭兩足」。「垂足坐」很好理解，就是雙腿自然下垂，符合「摇颭兩足」的動作要求。第二，異文第十五條，《外集》多「蓋湧泉與腦通，閉縮摇颭即氣上潮」兩句，解釋摩挲湧泉穴治療的原理是促使氣血上下流通。

107 勤修善果

佛言：「三千大千世界，猶如空華亂起亂滅。」而況我在此空華起滅之中，寄此須臾，貴賤、壽夭、得失、賢愚，所計幾何？惟有勤修善果，以升神明，照遺虚妄，以識知本性，最爲著身要事也。

校記

《外集》卷四十「題跋·雜文」之「記佛語」條：「佛告阿難：『使汝流轉心目之罪人，能降伏此兩物,即去道不遠矣。』心既降伏,目亦自定,不須雙言,但此兩物常相表裏,故佛云爾也。佛言:『三千大千世界,猶如空華亂起亂滅。』而况我在此空華起滅之中,寄此須臾,貴賤、壽夭、賢愚、得喪,所計幾何,惟有勤修善果,以升補神明,照遣虚妄,以識知本性,差爲着身要事也。」

考證

《仇池筆記》僅有「勤修善果」一條,《外集》多「降伏心目」一條。「降伏心目」條指通過心、目獲得的表象具有虚妄性,會迷惑本性。「勤修善果」條指世界本來就是虚妄,貴賤得失不過如空華起滅,把握本性最爲要緊。兩條内容意脈連貫,在《外集》中并爲一則,十分合理。

108 衆狗不悦〔一〕

惠州市寥落,〔二〕然猶日殺一羊,不敢與在官者争買,〔三〕時囑屠者買其脊,〔四〕骨間亦有微肉,熟煮熟漉,〔五〕若不熟則泡水不除,〔六〕隨意用酒,薄點鹽,〔七〕炙微焦,食之。終日摘剔,〔八〕得微肉於牙綮間,〔九〕如食蟹螯。率三五日一食,〔一〇〕甚覺有補。子由三年堂庖,〔一一〕所食芻豢,滅齒而不得骨,〔一二〕豈復知此味乎!此雖戲語,〔一三〕極可施用。〔一四〕用此法,〔一五〕則衆狗不悦矣。

校記

〔一〕《外集》卷六十一「雜記·草木飲食」題作「食羊脊骨説」。

〔二〕「市」，《外集》作「市井」。

〔三〕「在官者」，《外集》作「仕者」。

〔四〕「脊」，《外集》作「脊骨爾」。

〔五〕「漉」，《外集》作「漉出」。

〔六〕「若不熟則泡水不除」，《外集》作正文間雙行小字「不乘熱出則抱水不乾」。

〔七〕「隨意用酒薄點鹽」，《外集》作「漬酒中點薄鹽」。

〔八〕「摘」，《外集》作「抉」。

〔九〕「得微肉於牙綮間」，《外集》作「得銖兩於肯綮之間意甚喜之」。

〔一〇〕「率三五日一食」，《外集》作「率數日輒一食」。

〔一一〕「堂庖」，《外集》作「食堂庖」。

〔一二〕「滅」，《外集》作「没」。

〔一三〕「此雖戲語」，《外集》作「戲書此紙遺之雖戲語」。

〔一四〕「極可施用」，《外集》作「實可施用也」。

〔一五〕「用此法」，《外集》作「然此説行」。

考證

《仇池筆記》「衆狗不悦」條與《外集》卷六十一「食羊脊骨説」大體相同，異文以《外集》爲勝。如第二條《外集》「市井」勝過《仇池筆記》「市」，第六條《外集》説得更清楚，《仇池筆記》表達含混。最有意義的異文有兩處：第一，《仇池筆記》「豈復知此味乎」之後，《外集》多「戲書此紙遺之」，由此可知這是寫給蘇轍的便箋短函。第二，也是特别值得注意的地方，《仇池筆記》「用此法」三字，《外集》作「然此説行」。「用此法」看似符合上下文表述，但「此説行」卻更符合東坡下筆的真實意圖。東坡意謂食羊脊骨是惠州貶謫生活不多的一點樂趣，但即便是「不與在官者争」的些微快慰，一旦經由文字表述，流布開去，被在官者獲知，便會招來嫉恨和新的打擊，即所謂「衆狗不悦」。對比蘇軾在惠州期間因《白鶴新居上梁文》流露了「報道先生春睡美，道人輕打五更鐘」的愜意，隨即被章惇再貶儋州，就可以想見東坡警惕「然此説行，則衆狗不悦」的先見之明。東坡一生因言獲罪多矣，屢次自誡謹慎而終難更改癖性。因此，不妨將「此説行」這個「簡單的口誤當作一個非常複雜的表述，甚至將一聲默默的嘆息當作它所取代了的整篇的情感宣洩」（［法］雅克·拉康《精神分析學中的言語和語言的作用和領域》，褚孝泉譯《拉康選集》，華東師範大學出版社二〇一九年版，第二四一頁）。换言之，儘管「此説」（流布開來的言語）較之「此法」（食用羊脊骨的方法）難以立即獲得理解，但卻屬於一個能够總述全篇精神實質、有意義的「口誤」。「此法」反而很可能是《仇池筆記》編纂者因不能理解「此説」這一無意流露、含有複雜情感的深層表述而作出的後來改動。

109 三老問年〔一〕

嘗有三老人相遇，或問之年。其一曰：〔二〕「吾年不可説，〔三〕但憶少時與盤古有中外。」〔四〕一曰：〔五〕「海水變桑田，吾輒下一籌，已滿十屋矣。」〔六〕一曰：〔七〕「吾師食蟠桃，〔八〕棄其核崑崙之下，〔九〕今與崑崙齊矣。」〔一〇〕以予觀之，與蜉蝣、朝菌何以異哉！〔一一〕

校記

〔一〕《外集》卷六十二「雜記」題作「三老人論年」。五卷本《東坡志林》卷二題作「三老語」。

〔二〕「其一曰」，《外集》作「一人曰」。

〔三〕「説」，《外集》作「記」。

〔四〕「有中外」，《外集》作「有舊」。

〔五〕「一曰」，《外集》作「一人曰」。

〔六〕此句《外集》作「邇來吾籌已滿十間屋」。

〔七〕「一曰」，《外集》作「一人曰」。

〔八〕「師」，《外集》作「所」。
〔九〕「崑崙之下」，《外集》作「於崑崙山下」。
〔一〇〕「與崑崙齊」，《外集》作「已與崑崙肩」。
〔一一〕《外集》句首多「三子者」。

110 夢韓魏公

夜夢登合江樓，月色如水，韓魏公跨鶴來，曰：「被命同領劇曹，故來報。」他日北歸中原，當不久也。

考證

此則文字不見於「東坡七集」、《外集》、「東坡大全集」。

111 真一酒

予在白鶴新居，鄧道士忽叩門，時已三鼓，家人盡寢，月色如霜，其後有偉人，衣桄榔葉，手攜斗酒，丰神英發如呂洞賓，曰：「子嘗真一酒乎？」就坐，三人各飲數盃，擊節高歌合江樓下。海風振水，大魚皆出。袖出一書授予，乃真一法及修養九事，其末云「九霞仙人李靖書」。既出，恍然。

考證

此則文字不見於「東坡七集」、《外集》與「東坡大全集」。

《外集》卷五十五「題跋·遊行」之「記朝斗」條載：「紹聖二年五月望日，敬造真一法酒成。請羅浮道士鄧守安拜奠北斗真君。將奠，雨作，已而清風肅然，雲氣解駁，月星皆現，魁杓明爽。徹奠，陰雨如初。謹拜手稽首而記其事。東坡居士蘇軾書。」鄧道士即鄧守安，是蘇軾貶謫惠州時期結交的朋友。紹聖元年（一〇九四）東坡初到惠州，遊羅浮山時曾去拜訪鄧守安，不遇，事見《外集》卷五十五「題跋·遊行」之「題羅浮」條載：「紹聖元年九月二十七日，東坡公遷于惠州，艤舟泊頭鎮。明晨，肩輿十五里，至羅浮山，……道士鄧守安，字道立，有道者也。訪之，適出……山中可游而未暇者，明福宮、石樓、黃龍洞，期以明年三月復來。」大概第二年兩人才見面，所以造真一酒是紹聖二年（一〇九五）五月間事。鄧守安雖陪東坡釀酒遊戲，卻熱心公益，熟籌細務，並非一味高蹈不務實的道士。《外集》卷七十六《答王敏仲》其四載鄧道士獻策廣州引水計畫，切實可行：「羅浮山道士鄧守安，字道立。山野拙訥，然道行過人，廣、惠間愛敬之，好爲勤身濟物之事。嘗與某言，廣州一城人，好飲鹹苦水，春夏疾疫時所損多矣。惟官員及有力者得飲劉王山井水，貧下何由得。惟蒲澗山有滴水巖，水所從來高，可引入城，蓋二十里以下耳。若於巖下作大石槽，以五管大竹續處以麻纏之，漆涂之，隨地高下，直入城中，又爲一大石槽以受之，又以五管分别散流城中，爲小石槽以便汲者。不過用大竹萬竿，及二十里間用葵茆苫蓋，大約不過費數百千可成。然須於循州置少良田，令歲可得租課五七十千者，令歲買大筋竹萬竿，作筏下廣州，以備不住抽換。又須於廣州城中置少房錢，可以日掠二百，以備抽换之費。專差兵匠數人，巡覷修葺。則一城貧富同飲甘涼，其利便不在言也。自有廣州以來，以此爲患，若人户知有此作，其欣願可知，喜捨之心，料非復塔廟之比矣。然非道士至誠不欺，精力勤幹，不能成也。敏仲見訪及物之事，敢以此獻。道士直望仙耳，世間貪愛，無絲毫也，可以無疑。」

112 法報化三身〔一〕

近讀《六祖壇經》，説法、報、化三身，使人心開目明。然尚有一論，〔二〕眼見是法身，能見是報身，所見是化身。何謂「眼見是法身」？〔三〕眼之見性，非有非無，無眼之人，不免見黑，眼睛枯亡，〔四〕見性不滅，則是見性不緣眼，〔五〕但無去無來，〔六〕無起無滅，故云「眼見是法身」。〔七〕何謂「能見是報身」？見性雖存，眼根不具，則不能免，〔八〕若安養其根，〔九〕不爲物障，常使光明洞徹，見性乃全，故云「能見是報身」。何謂「所見是化身」？〔一〇〕性根既全，〔一一〕一彈指頃，十變萬化，縱横變滅，〔一二〕俱是妙用，故云「所見是化身」。〔一三〕

校記

〔一〕《外集》卷四十「題跋・雜文」題作「論六祖壇經」。五卷本《東坡志林》卷二題作「讀壇經」。

〔二〕此句《外集》作「然尚少一喻試以喻」。

〔三〕「眼見」，《外集》作「見」。

〔四〕此句《外集》作「眼枯睛亡」。

〔五〕《外集》句末多「有無」。

〔六〕此句《外集》作「無來無去」。

〔七〕「眼見」，《外集》作「見」。

〔八〕「免」，《外集》作「見」。

〔九〕「若」，《外集》作「若能」。

〔一〇〕「化身」，原作「法身」，據明刻六十卷本及上下文改。

〔一一〕「性根」，《外集》作「根性」。

〔二〕「十萬變化縱橫變滅」，《外集》作「所見千萬縱橫變化」。

〔三〕《外集》文末多「此喻既立三身愈明如此是否」。

113 蒸豚詩〔一〕

王中令既平蜀，〔二〕飢甚，入一村寺坐。〔三〕主僧醉甚，箕踞，公欲斬之。〔四〕僧應對不懼，公異之。〔五〕公求蔬食，〔六〕云：〔七〕「有肉無蔬。」〔八〕餽蒸猪頭，甚美。〔九〕公喜，問：〔一〇〕「止能飲酒食肉耶？爲有他技也？」僧言：「能詩。」〔一一〕公令賦蒸豚，〔一二〕立成，〔一三〕云：「觜長毛短淺含膘，久向山中食藥苗。蒸處已將蕉葉裹，熟時兼用杏漿澆。紅鮮雅稱金盤釘，〔一四〕熟軟真堪玉筯挑。〔一五〕若把氈根來比並，氈根自合喫藤條。」公大喜，與紫衣師號。〔一六〕

校記

〔一〕《外集》卷四十六「題跋・詩詞」題作「書蜀僧詩」。

〔二〕《外集》句末多「捕逐餘寇與部隊相遠」。

〔三〕「坐」，《外集》作「中」。

〔四〕「公」，《外集》作「公怒」。
〔五〕「公異之」，《外集》作「公奇而赦之」。
〔六〕「公求」，《外集》作「問求」。
〔七〕「云」，《外集》作「僧對曰」。
〔八〕《外集》句末多「公益奇之」。
〔九〕《外集》「餽」下有「以」字。「甚美」，《外集》作「食甚美」。
〔一〇〕「問」，《外集》作「問僧」。
〔一一〕「僧言能詩」，《外集》作「僧自言能爲詩」。
〔一二〕「令」，《外集》作「命」。
〔一三〕「立成」，《外集》作「操筆立成」。
〔一四〕「釘」，《外集》作「飣」。
〔一五〕「熟軟」，《外集》作「軟熟」。
〔一六〕《外集》文末多「元祐九年二月十三日偶與公之玄孫訥道此因記之」。

考證

《外集》與《仇池筆記》異文重要者有二：

第一，異文第十六條，《外集》文末多「元祐九年二月十三日，偶與公之玄孫訥道此，因記之」，交代寫作時間與緣由。孔凡禮《蘇軾年譜》以爲「王中令」即王彦超，因《宋史》本傳載其「宋初加兼中書令」，然王彦超並未參與平蜀之役，此説未愜。按，「王中令」當爲王全斌，《宋史》本傳載：「乾德二年冬，即日下詔伐蜀，命全斌爲西川行營前軍都部署，率禁軍步騎二萬、諸州兵萬人由鳳州路進討……卒，年六十九，贈中書令。」李之亮《蘇軾文集編年箋注》卷六八已修正孔氏《年譜》之説。又，《宋史》載王全斌曾孫王凱，王凱子王緘即王全斌玄孫，雖未載王訥，可能只是《宋史》未傳王訥而已。

第二，異文第二條，《外集》句末多「捕逐餘寇，與部隊相遠」。可以解釋爲什麽平蜀之後，身爲主將的王全斌還會深入山林以至於遇到奇僧？所謂「餘寇」，指王全斌平蜀後處置不當造成蜀兵再次叛亂。《宋史·王全斌傳》載：「詔發蜀兵赴闕，人給錢十千，未行者，加兩月廩食。全斌等不即奉命，由是蜀軍憤怨，人人思亂……蜀軍至綿州果叛，劫屬邑，衆至十餘萬，自號『興國軍』。」王全斌歸朝後因此受到處分，詔示罪名是「違戾約束，侵侮憲章，專殺降兵，擅開公帑，豪奪婦女，廣納貨財，斂萬民之怨嗟，致群盜之充斥，以至再勞調發，方獲平寧」（載《宋史·王全斌傳》）。

114 儋耳地獄〔一〕

儋耳城西民李氏處子病死，〔二〕兩日復生。云：〔三〕黃昏有人引至官府簾下，〔四〕言誤追。〔五〕至庭下，一吏云：〔六〕「可但禁繫。」〔七〕又一吏云：〔八〕「無罪可放還。」〔九〕見獄在地窟中，〔一〇〕繫者皆儋人，僧尼十六七。〔一一〕有一媪，身皆黃毛，如驢馬，械而坐。處子識之，乃儋僧之室也。〔一二〕又見一僧，〔一三〕死已二年，〔一四〕其家方大祥，有人持盤飡及數千至，〔一五〕付僧。〔一六〕僧但得數百，餘餽門者。〔一七〕及持飯入門去，〔一八〕繫者紛争取其飯，〔一九〕僧所食無幾。又一僧至，見者皆擎跪作禮。〔二〇〕僧曰：「此人可差人送還。」〔二一〕處子驚寤。〔二二〕是僧豈所謂地藏菩薩耶？〔二三〕

校記

〔一〕《外集》卷五十八「雜記」題作「處子再生」。五卷本《東坡志林》卷二題作「李氏子再生説冥間事」。

〔二〕此句《外集》作「戊寅十月予在儋耳聞城西民處子病死」。

〔三〕「云」,《外集》作「予與進士何旻往見其父問死生狀云」。
〔四〕「黄昏有人引至」,《外集》作「初昏若有人引去至」。
〔五〕此句《外集》作「有言此誤追」。
〔六〕「至庭下一吏云」,《外集》作「庭下一吏言」。
〔七〕「但禁繫」,《外集》作「且寄禁」。
〔八〕「云」,《外集》作「言」。
〔九〕此句《外集》作「此無罪當放還」。
〔一〇〕《外集》句末多「隧而出入」。
〔一一〕「尼」,《外集》作「居」。
〔一二〕「乃」,《外集》作「蓋」。《外集》句末多「曰吾坐用檀越錢物已三易毛矣」。
〔一三〕《外集》無「見」字,句末多「亦處子鄰里」。
〔一四〕此句《外集》作「死二年矣」。
〔一五〕「數千至」,《外集》作「數千云」。
〔一六〕「付僧」,《外集》作「付某僧」。
〔一七〕「僧但得數百餘餽門者」,《外集》作「僧得錢分數百遺門者」。
〔一八〕此句《外集》作「乃持飯入門者」。

〔一九〕「紛争」，《外集》作「皆紛」。

〔二〇〕「皆擎跪」，《外集》作「擎跽」。

〔二一〕「此人」，《外集》作「此女」。《外集》句末多「送者以手擘牆壁使過復見一河有舟便登之送者以手推舟舟躍」。

〔二二〕「驚寤」，《外集》作「驚而悟」。

〔二三〕「耶」，《外集》作「者耶」。《外集》文末多「書之以爲世戒」。

考證

《外集》與《仇池筆記》異文重要者是第二條，《外集》多「戊寅十月予在儋耳」的寫作時地信息。戊寅是元符元年（一〇九八），這是東坡貶謫儋州的第一年。其他如異文第十二條、第二十一條，敘述細節更爲豐富。

115 五穀耗地氣〔一〕

吾昔有田在蘄水，〔二〕僅種一斗，〔三〕得稻十斛。問其故，云：「連山皆野草散木，不生五穀，地氣不耗，故發如此。」以是知五穀耗地氣爲最甚。〔四〕昔王莽末，〔五〕天下旱蝗，黄金一斤易粟一斗。〔六〕至建武六年，〔七〕野蠶成繭，〔八〕被於山澤，〔九〕至五年，穀漸少，而農事益修。蓋土不生穀，〔一〇〕地氣亡所耗，蘊蓄日發而爲野蠶旅穀，〔一一〕其理甚明。〔一二〕地不生草木者，多産金錫，亦其理也。書此，以爲衛生之方。〔一三〕

校記

〔一〕《外集》卷六十一「雜記・草木飲食」題作「金穀説」。
〔二〕此句《外集》作「吾嘗求田蘄水田在山谷間者」。
〔三〕「僅」，《外集》作「投」。
〔四〕「以是」，《外集》作「吾是以」。
〔五〕《外集》無「昔」字。
〔六〕「斗」，《外集》作「斛」。
〔七〕「六年」，《外集》作「二年」。
〔八〕此句《外集》作「野穀旅生麻菽尤盛野蠶成繭」。
〔九〕《外集》句末多「人收其利歲以爲常」。
〔一〇〕「土」，《外集》作「久」。

〔一〕「日發」，《外集》作「自發」。

〔二〕「甚明」，《外集》作「明甚」。

〔三〕「地不生草木者」至句末，《外集》作：「庚辰歲正月六日讀《世祖本紀》，書其事，以爲衛生之方。地不生草木者，多産金錫珠貝，亦此理也。」

考證

《外集》與《仇池筆記》異文重要者有三：

第一，異文第七條，《仇池筆記》「建武六年」，《外集》作「建武二年」。按，下文有「至（建武）五年」，如果按「六年」算顯然不通，應該依《外集》「二年」，即自建武二年至建武五年。《後漢書·光武帝紀》於「建武二年」載：「初，王莽末，天下旱蝗，黄金一斤易粟一斛。至是野穀旅生，麻菽尤盛，野蠶成繭，被於山阜，人收其利焉。」又於「建武五年」載：「是歲，野穀漸少，田畝益廣焉。」可以印證。

第二，異文第十一條，清鈔宋本《仇池筆記》（即整理所用底本）作「蘊蓄日發，而爲野蠶旅穀」，宋刻本《仇池筆記》作「蘊蓄日久，發而爲野蠶旅穀」，但其中「日久」二字被壓縮爲左右結構，僅佔一個字號位置，顯然刊刻者將此句讀爲「蘊蓄日，發而爲野蠶旅穀」，認爲「日」字不通，故臨時添加「久」字，如今通過《外集》的源頭文本，可知當作「蘊蓄自發，而爲野蠶旅穀」，「自發」比「日發」更爲合理，「日發」造語略覺不順，這也是宋刻本《仇池筆記》會將「日發」分屬兩句的原因。

第三，異文第十三條，《外集》多出「庚辰歲正月六日讀《世祖本紀》，書其事」云云，可知此則文字作於東坡去世前一年，即元符三年（庚辰，一一〇〇）。此時東坡已有身體迅速衰弱的預感，因此談及衛生之方，並且以減少人爲折騰爲滋養生長的根本原因，透露出去世前對政治鬥爭的厭倦。這些寫作意圖不通過《外集》提供的寫作時地信息難以窺見。

116 論菊〔一〕

菊黄中之色香味和正，華葉根實，皆長生藥也。北方隨秋早晚，〔二〕大略至菊有黄花乃開。嶺南冬至乃盛，〔三〕地暖，〔四〕百卉造作無時，〔五〕而菊獨後開。考其理，菊性介烈，不與百卉並盛衰，須霜降乃發，嶺南常以冬至傲霜也。〔六〕仙姿高潔如此，〔七〕宜其通仙靈也。〔八〕

校記

〔一〕《外集》卷六十一「雜記・草木飲食」題作「記南海菊」。

〔二〕「秋」，《外集》作「秋之」。

〔三〕此句《外集》作「獨嶺南不然至冬乃盛發」。
〔四〕此句《外集》作「嶺南地暖」。
〔五〕「造」字據宋刻本、明鈔五十卷本補。
〔六〕《外集》句首多「而」字。「傲霜」，《外集》作「微霜故也」。
〔七〕「仙姿」，《外集》作「其天資」。
〔八〕《外集》文末多「吾在海南藝菊九畹以十一月望與客汎菊作重九書此爲記」。

117 本秀二僧〔一〕

稷下之盛，胎驪山之禍；太學生萬人，〔二〕吹枯噓生，〔三〕亦兆黨錮之冤。今本、秀二僧，〔四〕皆口耳區區，〔五〕奔走王公，〔六〕殆非浮屠氏之福也。

校記

〔一〕見《外集》卷五十七「雜記·人物」之「本秀二僧」條。五卷本《東坡志林》卷二題作「本秀非浮屠之福」。

〔二〕「生」，《外集》作「三」。
〔三〕此句《外集》作「噓枯吹生」。
〔四〕「今」，《外集》作「今吾聞」。
〔五〕「皆」，《外集》作「皆以」。
〔六〕《外集》句末多「洶洶都邑安有而不辭」。

118 梅詢非君子

真宗時，或薦梅詢者，上曰：「李沆言其非君子。」時沆之没二十年矣。歐公嘗問蘇子容：「宰相没後二十餘年，能使人主追信其言，以何道？」子容云：「無心故耳。」

校記

《外集》卷五十六「雜記·人物」之「真宗信李沆」條：「真宗時，或薦梅詢可用者，上曰：『李沆嘗言其非君子。』時沆之没蓋二十餘年矣。歐陽文忠公問蘇子容曰：『宰相没二十餘年，使人主追信其言，以何道？』子容言：『獨以無心，故耳。』軾因贊其語，且言：『陳執中俗吏耳，特至公，猶能取信主上，況如李公之才識，而濟之以無心耶！』時元祐三年興龍節，賜宴尚書省，論此。是日，又見王鞏云，其父仲儀言：『陳執中罷相，仁宗問：「誰可代者？」執中舉吴育，上即召赴闕。會乾元節侍宴，偶醉坐睡，忽驚顧撫床，呼其從者。上愕然，即除西京留臺。』以此觀之，執中雖俗吏，亦可賢也。育之不相，命矣夫！然晚節有心疾，亦難大用，仁宗非棄才之主也。」

又見五卷本《東坡志林》卷四「真宗仁宗之信任」條。

考證

《外集》文本爲兩事，一爲真宗信任李沆，一爲仁宗信任陳執中。合論二事的緣由是元祐三年（一〇八八）興龍節（十二月初八日，哲宗生日）賜宴談論真宗信任李沆事，同日又聽王鞏轉述仁宗信任陳執中事，兩事皆涉及君臣信任，故東坡記爲一則。五卷本《東坡志林》尚保留了《外集》文本的樣貌，《仇池筆記》編纂者將其分爲兩條，並按照事類重新命名，喪失了東坡寫作的時地、緣起、主旨等重要信息。

119 吴育不相

陳執中罷相，仁宗問：「誰可代卿者？」執中舉吴育，上即召之。會乾元節宴，育偶醉坐睡，忽驚顧撫床，呼其從者。上愕然，即除西京留臺。執中雖俗吏，亦可賢也。育之不相，命矣！晚節有心疾，亦難大用。

考證

說詳上條「梅詢非君子」。

120 時無英雄豎子成名

先友史經臣曰：「阮籍登廣武而嘆曰：『時無英雄，使豎子成名！』蓋謂沛公爲豎子乎？」曰：「非也，傷時無劉、項，以豎子指晉、魏間人耳。」李太白《廣武》詩曰：「沈酒呼豎子，狂言非至公。」乃知太白亦誤認嗣宗，與先友無異。嗣宗雖放蕩，本有志於世者，晉、魏間多故，故一放於酒耳，何至以沛公爲豎子乎！

校記

《外集》卷四十二「題跋・詩詞」之「書太白廣武戰場詩」條：「昔先友史經臣彥輔謂余：『阮籍登

廣武而嘆曰：「時無英雄，使豎子成名！」豈謂沛公豎子乎？』余曰：『非也，傷時無劉、項也。豎子者，指魏、晉間人耳。』其後，余游京口甘露寺，有孔明、孫權、梁武、李德裕之遺跡，余感之，因題詩，其略曰：『四雄皆龍虎，遺跡了未刓。方其壯盛時，争奪肯少安。廢興屬造物，遷逝誰控摶？況彼妄庸子，而欲事所難。聊興廣武嘆，不待雍門彈。』則猶此意也。今日讀李白《廣武古戰場》詩云：『沉湎呼豎子，狂言非至公。』乃知李白亦誤認嗣宗語，與先友之意無異也。嗣宗雖放蕩，本有意於世，以魏、晉間多故，一於放酒耳，何至以沛公爲豎子乎！」

考證

《外集》與《仇池筆記》異文最重要者在於，《外集》記録了蘇軾遊京口甘露寺題詩《甘露寺》（載「東坡七集」《前集》卷三），以此連結蘇軾與史經臣的問答，以及蘇軾讀李白《廣武古戰場》詩兩事，《仇池筆記》僅將其作爲一個結論呈現，未能展現蘇軾對阮籍廣武之歎問題的連續思考過程。

121 永洛之役

張舜民云：「永洛之役，李舜舉、徐禧、李稷皆在虜中。上以手詔賜四人云：『若能保全吏士，當盡復侵地。』詔未至，而稷、舜舉等已死。」聖意可謂重一士而輕千里，惜此等不被其賜也，哀哉！

校記

《外集》卷五十六「雜記・人物」之「永洛事」條：「張舜民言：『永洛之役，李舜舉、徐禧、李稷皆在圍中。上以手詔賜西人：「若能全吏士，當盡復侵地。」詔未至，而舜舉等已死。』聖主可謂重一士而輕千里矣，惜此等不被其賜也，哀哉！舜舉，中官也。將死，以敗紙半幅書其上，云：『臣舜舉死無所恨，但願陛下勿輕此賊。』付一健黠者間走以聞。時李稷亦將死，書紙後云：『臣稷千苦萬屈。』上爲一慟。然以見二人之賢不肖也。」

考證

《仇池筆記》「永洛之役」與下一條「二李優劣」各自成文，通過《外集》可知兩條是一件事的前後部分，皆爲張舜民所言。《外集》文本爲原貌，《仇池筆記》對文本作了分割。另外，「永洛之役」條「上以手詔賜四人」，「四」不符合上下文意，《外集》作「西」；「二李優劣」條所謂「故紙」不通，《外集》作「敗紙」，符合戰時情況。

122 二李優劣

中官李舜舉死於永洛。將死，以故紙半幅書曰：「臣舜舉死無所恨，但願陛下勿輕此賊。」一健黠者間走以聞。時李稷亦將死，書紙尾曰：「臣稷千苦萬屈。」

考證

説詳上條「永洛之役」。

123 太尉足香〔一〕

方李憲用事，〔二〕士大夫或奴事之，穆衍、孫路至爲執袍帶。王中正盛時，俞充令妻執板以侑酒。〔三〕彭孫本一劫盜，〔四〕招出，氣凌公卿。韓持國至詣其第，出妓飲，〔五〕酒酣，慢持國，持國不敢對。然嘗爲李憲濯足，曰：「太尉足何香也！」〔六〕憲以足踏其頭，曰：「奴諂不太甚乎！」〔七〕孫在許下，〔八〕私捉逃軍三百人役之。〔九〕予時將乞許，至郡斬訖乃

奏，會除潁乃止。〔一〇〕

校記

〔一〕《外集》卷五十六「雜記·人物」題作「彭孫諂李憲」。
〔二〕《外集》句末多「時」字。
〔三〕此句《外集》作「俞充玉令妻執板而歌以侑中正飲若此類不可勝數」。
〔四〕《外集》句首多「而」。又，「一」，《外集》作「以」。
〔五〕「飲」，《外集》作「飲酒」。
〔六〕「何」，《外集》作「何其」。
〔七〕「諂」，《外集》作「諂我」。
〔八〕《外集》句末多「造宅」二字。
〔九〕「捉」，《外集》作「招」。
〔一〇〕「至郡」，《外集》作「覬至郡考其實」。「除潁乃止」，《外集》作「除潁州而止」。

考證

《外集》與《仇池筆記》異文較爲重要者有二：第一，異文第三條，《外集》句末多「若此類不可勝數」，由此從穆衍、孫路、俞充引申至彭孫，彭孫才是此則文字的主角，而且蘇軾與他幾乎發生直接聯繫，故有充分的寫作動機。第二，異文第八條、第九條，「造宅」説明了彭孫役人之目的，「招」比「捉」更清楚地表明了彭孫行爲的危害性，因爲「捉（拿）」到逃亡軍士後役使他們爲私人工作，只能算是占公家便宜，而「招（攬）」逃亡軍士爲私人工作，是公然包庇國家罪犯的違法行爲，朝廷官員做出這樣的違法行爲，是明知故犯，罪重一等。

124 西征途中詩〔一〕

張舜民通練西事，〔二〕稍能詩，從高遵裕西征回，途中作詩曰：〔三〕「靈州城下千株柳，總被官軍斫作薪。〔四〕他日玉關歸去後，〔五〕將何攀折贈行人。」〔六〕「青岡峽裏韋州路，〔七〕十去從軍九不回。白骨似山山似雪，〔八〕將軍莫上望鄉臺。」〔九〕爲李察所奏，〔一〇〕貶郴州監稅。舜民云：「官軍圍靈武不下，粮盡而返，西人城上問官軍：〔一一〕『漢人瓦擦否？』〔一二〕答曰：〔一三〕『瓦擦。』『城上皆笑。』〔一四〕瓦擦者，愃懼也。〔一五〕

校記

〔一〕《外集》卷四十五「題跋・詩詞」題作「書張芸叟詩」。

〔二〕此句《外集》作「張舜民芸叟邠人也通練西事」。

〔三〕「曰」，《外集》作「二絶一云」。

〔四〕「斫」，《外集》作「砍」。

〔五〕「後」，《外集》作「路」。

〔六〕《外集》句末多「一云」。

〔七〕「韋」字原闕，據明鈔五十卷本、明刻六十卷本補。

〔八〕「山山」，《外集》作「沙沙」。「雪」，《外集》作「骨」。

〔九〕「莫」，《外集》作「休」。

〔一〇〕「李察」，《外集》作「轉運判官李察」。

〔一一〕「返」，《外集》作「退」。「城上問」，《外集》作「從城上大呼」。

〔一二〕「瓦擦」，《外集》作「兀擦」，以下皆同。

〔一三〕此句《外集》作「或仰而答曰」。

〔一四〕「笑」，《外集》作「大笑」。

〔一五〕此句《外集》作「西人謂慙爲兀擦也」。

考證

《外集》與《仇池筆記》異文較爲重要者有二：第一，異文第八條，《仇池筆記》「白骨似山山似雪」，《外集》作「白骨似沙沙似骨」。按，靈州一帶爲沙磧戈壁地形，當以「沙」爲勝。第二，異文第十條，《外集》補充了李察的身份是「轉運判官」。按，轉運判官有督察屬吏的職權，或與彈劾張舜民有關。

125 招高麗〔一〕

王炳之言：〔二〕「昔爲密院檢詳，〔三〕見《高麗公案》。始因張誠一使契丹，〔四〕于虜帳中見高麗人，〔五〕私語本國主向慕中國之意。〔六〕歸而奏之，先帝始有招徠之意。〔七〕樞密使呂公弼迎合，〔八〕親書劄子乞招迎。〔九〕遂命發運使羅極遣商人招之。」〔一〇〕天下知非極，〔一一〕而不知罪公弼。如誠一，蓋不足道也。

校記

〔一〕《外集》卷五十六「雜記·人物」題作「呂公弼招致高麗人」。五卷本《東坡志林》卷三題作「高麗公案」。

〔二〕此句《外集》作「元祐二年二月十七日見王伯虎炳之言」。
〔三〕此句《外集》作「昔爲樞密院禮房檢詳文字」。
〔四〕「張誠一」,《外集》作「張一」。
〔五〕《外集》無「人」字。
〔六〕「私語本國主」,《外集》作「語國主」。
〔七〕「徠」,《外集》作「來」。
〔八〕「迎合」,《外集》作「因而迎合」。
〔九〕「招迎」,《外集》作「招致」。
〔一〇〕「羅極」,《外集》作「崔拯」。
〔一一〕「非極」,《外集》作「罪拯」。

考證

《外集》與《仇池筆記》異文重要者是第二條,《外集》多「元祐二年二月十七日」,是爲此則文字寫作時間。王宗稷《東坡先生年譜》於「元祐五年庚午」條載:「先生年五十五,在杭州任。有《論西湖狀》及《論高麗公案》。」王宗稷的誤會可能來自蘇轍撰《亡兄子瞻端明墓誌銘》記載的元祐五年(一〇九〇)蘇軾在杭州任上處理高麗入貢事:「杭僧有净源者,舊居海濱,與舶客交通牟利,舶至高麗,交譽之。元豐末，其王子義天來朝，因往拜焉。至是源死，其徒竊持其畫像附舶往告，義天亦使其徒附舶來祭。祭訖，乃言國母使以金塔二祝皇帝、太皇太后壽。公不納，而奏之曰：『高麗久不入貢，失賜予厚利，意欲來朝矣，未測朝廷所以待之薄厚，故因祭亡僧而行祝壽之禮，禮意㔞薄，蓋可見矣。若受而不答，則遠夷或以怨怒，因而厚賜之，正墮其計。臣謂朝廷宜勿與知，而使州郡以理卻之。然庸僧猾商，敢擅招誘外夷，邀求厚利，爲國生事，其漸不可長，宜痛加懲創。』朝廷皆從之。未幾，高麗貢使果至。公按舊例，使之所至吳越七州，實費二萬四千餘緡，而民間之費不在，乃令諸郡量事裁損。比至，民獲交易之利，而無侵撓之害。」參之《外集》所載文本，可知《年譜》有誤，應改繫於元祐二年（一〇八七）東坡在朝中任翰林學士、知制誥時所作。

另，《外集》作「崔拯」亦誤，當爲「羅拯」。《宋史》卷三三一《羅拯傳》載：「拯使閩時，泉商黄謹往高麗，館之禮賓省，其王云自天聖後職貢絕，欲命使與謹俱來。至是，拯以聞，神宗許之，遂遣金悌入貢。高麗復通中國自兹始。」事在熙寧二年，又見《宋史》卷四八七《高麗傳》。

126 易書論語説〔一〕

孔壁、汲冢竹簡科斗，〔二〕皆漆書也，終於蠹壞。編鍾、〔三〕石鼓益堅，古人爲不朽之計至矣。〔四〕然其妙意所不墜者，特以人傳之耳。〔五〕《易》言：「神而明之，存乎其人。」吾作《易》《書傳》、《論語説》，亦粗備矣。嗚呼，又何以多爲！

校記

〔一〕《外集》卷四十「題跋·雜文」題作「題所作書易傳論語説」。

〔二〕「簡」，《外集》作「間」。

〔三〕「編鍾」，《外集》作「景鍾」。

〔四〕「至矣」，《外集》作「亦至矣」。

〔五〕「人傳之」，《外集》作「人傳人」。《外集》句末多「大哉人乎」一句。

127 太極真人〔一〕

東海徐則隱居天台，絶粒養性。太極真人徐君降曰：〔二〕「汝年八十，〔三〕當爲王者師，然後得道。」晉王廣聞名，召之。〔四〕則曰：〔五〕「吾今年八十三，王來召我，〔六〕徐君之言驗矣。」〔七〕遂詣揚州。王請授道，〔八〕辭以時日不利。後數日死，〔九〕道路皆見其徒步還山，〔一〇〕云：「得放還。」〔一一〕乃取經書分遺子弟而去，〔一二〕既而喪至。予以爲高世之人，〔一三〕義不爲帝所汙，〔一四〕不肯傳道而死。〔一五〕徐君之言，聊以避禍，〔一六〕豈所謂危行言遜者耶？不然，煬帝之行，鬼所唾也，太極真人豈置之齒牙間哉！〔一七〕

校記

〔一〕《外集》卷三十八「題跋・雜文」題作「書徐則事」。五卷本《東坡志林》卷三題作「徐則不傳晉王廣道」。

〔二〕「降曰」，《外集》作「降之曰」。

〔三〕「年」，《外集》作「年出」。

〔四〕「召」，《外集》作「往召」。

〔五〕「則曰」，《外集》作「則謂門人曰」。

〔六〕《外集》作「吾年八十來召我」。

〔七〕「驗」，《外集》作「信」。

〔八〕「授道」，《外集》作「受道法」。

〔九〕「死」，《外集》作「而死」。《外集》句末多「支體如生」一句。

〔一〇〕《外集》無「還山」二字。
〔一一〕「還」,《外集》作「還山」。
〔一二〕此句《外集》作「至舊居取經書分遺弟子乃去」。
〔一三〕此句《外集》作「予以謂徐生高世之人」。
〔一四〕「帝」,《外集》作「煬帝」。
〔一五〕此句《外集》作「故辭不肯傳其道而死」。
〔一六〕《外集》句首多「蓋」字。
〔一七〕「置之齒牙間」,《外集》無「間」字。

128 論金鹽〔一〕

王莽敗時,省中黄金三十萬斤。〔二〕又陳平用四萬斤行間楚,〔三〕董卓郿塢金亦多,〔四〕其餘賜五十斤者,〔五〕不可勝數。近世黄金不以斤計,〔六〕雖人主,未有以百金予人者,〔七〕何古多而今少也!鑿山披沙,殆無虚日,〔八〕金爲何往哉?頗疑寶貨神變不可知,〔九〕復歸山澤耶。嘗聞鹽亦然。〔一〇〕峽中大寧監煎鹽,〔一一〕日有定數,若大商覆舟,則鹽泉頓增。乃知尋常便液之出，〔一二〕不拘遠近，〔一三〕皆歸本原也。

校記

〔一〕《外集》卷六十一「雜記·草木飲食」題作「金鹽説」。
〔二〕《外集》句末多「爲匱者尚餘十許」。
〔三〕《外集》無「行」字。
〔四〕「多」，《外集》作「至多」。
〔五〕「五十」，《外集》作「三五十」。
〔六〕此句《外集》作「近世金以兩計」。
〔七〕「未有」，《外集》作「未嘗」。
〔八〕《外集》無「殆」字。《外集》句末多「縻壞至□」。
〔九〕《外集》無「頗」字。
〔一〇〕「嘗」，《外集》作「吾」。
〔一一〕《外集》無「煎鹽」二字。
〔一二〕「便液之出」，《外集》作「隨便液出」。
〔一三〕「不拘」，《外集》作「不以」。

129 放生池碑〔一〕

湖州有《放生池碑》，〔二〕載其所上肅宗表云：「一日三朝，大明天子之孝；問安視膳，不改家人之禮。」魯公知肅宗有愧於此乎？〔三〕孰謂公區區於放生哉！

校記

〔一〕《外集》卷四十七「題跋·書帖」題作「題魯公放生池碑」。
〔二〕「放生池碑」，《外集》作「顔魯公放生池碑」。
〔三〕「此乎」，《外集》作「是也」。《外集》句末多「故以此諫」一句。

130 三騣馬

唐李將軍思訓作《明皇摘瓜圖》。嘉陵山水，帝乘赤驃，起三騣，與諸王嬪御十數騎出飛仙嶺下，初見平陸，馬皆若驚，而帝馬見小橋不進，正作此狀，不知三騣爲何？今見岑參詩有《衛駕赤驃歌》，云：「赤髯胡雛金剪刀，平明剪出三騣高。」乃知唐御馬多剪治，而三騣其飾也。

考證

此則文字不見於「東坡七集」、《外集》、「東坡大全集」。

131 誦金剛經〔一〕

近歲有人取銀鑛，〔二〕至深處，聞人誦經聲，〔三〕發之，得一人，云：「吾亦取鑛者，山壞不得出，〔四〕居此不知幾年。〔五〕平生誦《金剛經》，常以經自隨，〔六〕每有飢渴之心，則有人自臍下以餅餌遺之。」〔七〕殆此經變現也。道家言「守一」，〔八〕若飢，一與之粮，〔九〕若渴，〔一〇〕一與之漿。此人豈得所謂一者乎！〔一一〕

校記

〔一〕《外集》卷五十八「雜記」題作「金剛經報」。五卷本《東坡志林》卷二題作「誦金剛經帖」。

〔二〕《外集》句首多「蔣仲父聞之於孫景修」。「取」,《外集》作「鑿山取」。
〔三〕「人」,《外集》作「有人」。
〔四〕「山壞」,《外集》作「以窟壞」。「得」,《外集》作「能」。
〔五〕「不知幾年」,《外集》作「不記年」。
〔六〕「常」,《外集》作「嘗」。
〔七〕「有人」,《外集》作「若有人」。「臍」,《外集》作「腋」。「餠餌」,《外集》作「餠」。
〔八〕《外集》無「言」字。
〔九〕《外集》句首多「則」字。
〔一〇〕《外集》無「若」字。
〔一一〕「豈得」,《外集》作「於經中豈得」。

考證

《外集》與《仇池筆記》異文重要者是第二條,《外集》多「蔣仲父聞之於孫景修」一句,説明聞聽異事的來源。按,元豐二年(一〇七九),蘇轍爲時任太常少卿的孫景修編纂的《古今家誡》作序(見《欒城集》卷二十五)。元豐三年(一〇八〇),孫景修任湖北轉運使(見《宗統編年》卷二十一)。如果蘇軾是聽人轉述孫景修的敘述,那麽此則文字有可能作於黄州時期。

132 神清洞

曹焕游嵩山，中途遇道士盤礴石上，揖曰：「汝非蘇轍之壻曹焕乎？」顧其侶，曰：「何人？」曰：「老劉道士寓此，未嘗與人語。」道士曰：「蘇軾，歐永叔門人，汝以永叔爲何等人？」焕曰：「文章、忠義爲天下第一。」道士曰：「世所知者，如是而已。我，永叔同年也，此袍得之永叔，蓋嘗破而不補，未嘗垢而洗也。近得書甚安。汝豈不知神清洞事乎？汝與我以某年某月某日同集某處，我當以某月日化於石上。」復坐，不復語。焕亦行入山，果如期化於石上。

考證

此則文字不見於「東坡七集」、《外集》與「東坡大全集」。

按，神清洞事見《歐陽文忠公集》「附録」卷五《記神清洞》收録謝絳寫給梅堯臣的《游嵩山寄梅殿丞書》，敘述明道元年（一〇三二）謝絳與歐陽修、尹洙等人遊嵩山事，其中記載：「峭壁有若四字，云『神清之洞』。體法雄妙，蓋薛老峰之比。諸君疑古苔蘚自成文，又意造化者筆焉，莫得究其本末。問道士及近居之民，皆曰：『向無此異，不知也。』」收到謝絳信的梅堯臣作《希深惠書言與師魯永叔子聰幾道遊嵩因誦而韻之》詩，對神清洞事大加渲染：「歸來遊少室，峭崒殊引脰。石室迢遞過，探訪仍邂逅。捫蘿上岑邃，仙屋何廣袤。乳水出其間，涓涓自成溜。凡骨此薰蒸，靈真安可覯。霞壁幾千尋，四字侔篆籀。咸意苔蘚文，誠爲造化授。標之神清洞，民俗未嘗遘。忽覺風雨冥，無能久瞻扣。匆匆遂宵征，勝事皆可復。俚歌縱喧嘩，怪説多駁糅。」這些文字可能使得神清洞成爲歐門津津樂道的談資。

133 論杜甫杜鵑詩〔一〕

南都王誼伯謂杜子美詩歷五季兵火，〔二〕多舛缺，〔三〕且如「西川有杜鵑，東川無杜鵑，涪萬無杜鵑，雲安有杜鵑」，〔四〕蓋自題下注，〔五〕斷自「我昔遊錦城」爲首句。誼伯爲誤矣。〔六〕子美詩備諸家體，〔七〕豈可以文害詞、詞害意耶？原其意，〔八〕類皆有感，〔九〕亦《詩》之比興、《離騷》之法。〔一〇〕按《博物志》：杜鵑生子，寄之他巢，百鳥爲飼之。胡江東所謂「杜宇昔爲蜀帝王，〔一一〕化禽飛去舊城荒」。此鳥至微，〔一二〕知有尊，故子美云「重是古帝魄」，〔一三〕又曰「禮若奉至尊」，譏當時刺史有不禽鳥若也。〔一四〕明皇以後，〔一五〕天步多棘，刺史能造次不忘君者，〔一六〕可數也。〔一七〕嚴武在蜀，雖横斂刻剥，〔一八〕實資中原，〔一九〕是「西川有杜鵑」耳。其廢主命，〔二〇〕擅軍旅，絶貢賦，如克遜在梓州，〔二一〕爲朝廷憂，〔二二〕是「東川無杜鵑」

耳。涪、萬、雲安刺史，微不可考，凡其承君者爲有也，〔二三〕懷貳者爲無也。〔二四〕誼伯又云：〔二五〕「子美不應疊用韻。」〔二六〕子美自我作古，〔二七〕疊韻何害於詩。〔二八〕

校記

〔一〕《外集》卷四十二「題跋・詩詞」題作「辨杜子美杜鵑詩」。

〔二〕《外集》於「王誼伯」後多「書江濱驛垣」五字。

〔三〕此句《外集》作「舛缺離異雖經其祖父公所理尚有疑闕者」。

〔四〕「且如」，《外集》作「誼伯謂」。

〔五〕「下注」二字據明鈔五十卷本、明刻六十卷本補。「自」，《外集》作「是」。

〔六〕《外集》無「爲」字。

〔七〕《外集》句首多「且」字。《外集》句末多「非必牽合程度偘偘然者也是篇句落處凡五杜鵑」。

〔八〕「其意」，《外集》作「子美之意」。

〔九〕「類皆有感」，《外集》作「類有所感」。《外集》句末多「託物以發者也」一句。

〔一〇〕「詩」，《外集》作「六義」。《外集》句末多「歟」字。

〔一一〕「昔」，《外集》作「曾」。

〔一二〕「此鳥」，《外集》作「且禽鳥」。

〔一三〕「魄」，《外集》作「魂」。

〔一四〕《外集》句首多「子美蓋」三字。

〔一五〕《外集》句首多「唐自」二字。

〔一六〕「君」，《外集》作「於君」。

〔一七〕此句《外集》作「可一二數也」。

〔一八〕「刻剥」，《外集》作「刻薄」。

〔一九〕《外集》句首多「而」字。

〔二〇〕此句《外集》作「其不虔王命」。《外集》句末多「負固以自抗」一句。

〔二一〕「克遜」，《外集》作「杜克遜」。

〔二二〕「憂」，《外集》作「西顧憂」。

〔二三〕《外集》「涪」字上多「至於」二字。「承君」，《外集》作「尊君」。

〔二四〕《外集》句末多「不在夫杜鵑之真有無也誼伯以爲來東川聞杜鵑聲繁而急乃始嘆子美詩跋疐紙上語」。

〔二五〕《外集》無「誼伯」二字。

〔二六〕《外集》句末多「何耶」二字。

〔二七〕「自我作古」，《外集》作「有我自作古」。

〔二八〕此句《外集》作「疊用韻無害於爲詩」，文末多「僕所見如此誼伯博學强辨殆必有以折衷之」。

考證

《外集》與《仇池筆記》異文重要者有二：第一，異文第三條，《外集》多「雖經其祖父公所理，尚有疑闕者」。可知王誼伯祖父曾整理杜集，應即杜集宋代祖本整理者王洙。按，《宋史・王洙傳》載洙爲「應天宋城人」，正與王誼伯籍貫「南都」相符。第二，異文第九、第二十四條，《外集》多「託物以發者也」以及「不在夫杜鵑之真有無也」。誼伯以爲，來東川聞杜鵑聲繁而急，乃始嘆子美詩跋壹紙上語」，點明王誼伯認爲「西川有杜鵑，東川無杜鵑，涪、萬無杜鵑，雲安有杜鵑」是寫實而非隱喻，原因在於杜甫來東川實地聽見杜鵑頻繁啼鳴，而東坡認爲杜甫是「託物以發」，不在於「杜鵑之真有無」。

134 轑釜

高祖微時，過其丘嫂食。嫂厭叔與客，陽爲羹盡，轑釜，由是絶嫂。及立齊太子，而伯子獨不得侯。太上皇以爲言，高祖曰：「非敢忘也，爲其母不長者。」封羹頡侯。高祖號大度不記人過，然不置轑釜之怨，獨不愧太上皇分杯之語乎？

135 論淳于髡〔一〕

淳于髡一斗亦醉，〔二〕一石亦醉。至於州閭之間，〔三〕男女雜坐，幾於勸矣，何諷之有？〔四〕蓋有微意。〔五〕以多少之無常，知飲酒之非我，觀變識妄，平生之嗜亦少衰矣。〔六〕是以託於放蕩之言，而能規荒主長夜之飲，〔七〕世未有識其趣者。〔八〕

校記

〔一〕《外集》卷三十七「題跋·雜文」題作「書淳于髡傳後」。

〔二〕此句《外集》作「淳于髡言一斗既醉」。

〔三〕「閭」，《外集》作「會」。

〔四〕《外集》句首多「而」字。

〔五〕《外集》「蓋」字上多「以吾觀之」四字。

〔六〕《外集》句首多「而」字。

〔七〕「規」，《外集》作「已」。

〔八〕《外集》無「世」字。《外集》文末多「元祐六年六月十三日偶讀史記書此」。

考證

《外集》與《仇池筆記》異文重要者有二：第一，異文第三條，《仇池筆記》「州間之間」，語不可解，《外集》作「州閭之會」，指鄉里聚會，意思就很明白。第二，異文第八條，《外集》多「元祐六年六月十三日，偶讀《史記》，書此」，交代了寫作時地信息。元祐六年（一〇九一）六月，東坡自杭州詔還，再任翰林學士承旨，兼翰林侍讀。大概因爲東坡此前以翰林學士外放杭州，原因在於言語隨意，造成所謂蜀黨與洛黨、朔黨的紛争所致，所以此次重新回到朝中，特意提醒自己不要重蹈覆轍，同時也有些不服氣，認爲自己被貶謫的起因，即世人所謂的言語隨意，其實是「託於放蕩之言」，「世未有識其趣者」。

136 竹雌雄〔一〕

竹有雌雄。雌者多筍，故種竹當種雌。自根以上至稍一節發者爲雌。〔二〕物無逃於陰陽，信哉！〔三〕

校記

〔一〕《外集》卷六十一「雜記・草木飲食」題作「記竹雌雄」。

〔二〕此句《外集》作「自根而上至生稍上一節二發者爲雌」。

〔三〕此句《外集》作「可不信哉」。

137 戒殺

予少不殺，未能斷也，近年始能不殺猪羊。性嗜蟹，每見餉者，皆放之江中。雖在江無活理，庶幾求一活。使不活，亦愈於烹煎也。親遭患難，不異雞鴨之在庖廚，不忍以口腹之故，使有生之類受無量怖苦爾。猶恨未能忘味，食自死物也。

校記

《外集》卷三十七「題跋・雜文」之「書南史盧度傳」條：「余少不喜殺生，然未能斷也。近來始能不殺猪羊，然性嗜蟹蛤，故不免殺。自去年得罪下獄，始意不免，既而得脱，遂自此不復殺一物。有見餉蟹蛤者，皆放之江中。雖知蛤在江水無活理，然猶庶幾萬一，便使不活，亦愈於煎烹也。非有所求覬，但以親經患難，不異雞鴨之在庖廚，不忍復以口腹之故，使有生之類受無量怖苦爾。猶恨不能忘味，食自死物也。《南史·隱逸傳》：『始興人盧度，字彥章。有道術。少隨張永北侵魏，永敗，魏人追急，淮水不得過，自誓若得免死，從今不復殺生。須臾見兩楯流來接之，得過。後隱居廬陵西昌三顧山，鳥獸隨之，夜有鹿觸其壁。度曰：「汝壞我壁。」鹿應聲去。屋前有池，養魚皆名，呼之，次第取食。逆知死年月，竟以壽終。』偶讀此書，與余事粗相類，故并録之。」

考證

《仇池筆記》僅摘取《外集》文字之前半段，且於前半段文字中偏偏遺漏最要緊一句「自去年得罪下獄，始意不免，既而得脱，遂自此不復殺一物」，由此句可知此則文字作於烏臺詩案之後次年，即元豐三年（一〇八〇）黄州時期。後半段文字是蘇軾讀《南史·盧度傳》，因其臨難自誓不殺生而獲免之事與己相似，故有感而録，以此説明本則文字的寫作契機。

138 廣利王召〔一〕

予一日醉卧，〔二〕有魚頭鬼身者自海中來，云：「廣利王請端明。」予被褐草履黄冠而去，亦不知身步入水中，但聞風雷聲。有頃，豁然明白，真所謂水晶宫殿也。其下驪目、〔三〕夜光、文犀、尺璧、南金、火齊，不可仰視，珊瑚、琥珀，不知幾多也。廣利佩劍冠服而出，從二青衣。予曰：「海上逐客，重煩邀命。」有頃，東華真人、南溟夫人造焉，〔四〕出鮫綃丈餘，命余題詩。余賦曰：「天地雖虛廓，惟海爲最大。聖王皆祀事，〔五〕位尊河伯拜。祝融爲異號，恍惚聚百怪。二氣變流光，萬里風雲快。靈旗摇虹纛，赤虬噴滂湃。家近玉皇樓，彤光照無界。〔六〕若得明月珠，可償逐客債。」寫竟，進廣利。諸仙遞看，〔七〕咸稱妙。獨廣利旁一冠簪者，謂之「鱉相公」，進言：「蘇軾不避忌諱，祝融字犯王諱。」王大怒。予退而嘆曰：「到處被相公廝壞。」

校記

〔一〕收録於《外集》卷五十八「雜記」，題目同。
〔二〕「予」，《外集》作「余」。下同。
〔三〕「目」，《外集》作「珠」。
〔四〕「南溟」，《外集》作「南鎮」。
〔五〕「祀事」，《外集》作「禮事」。
〔六〕「無界」，《外集》作「世界」。
〔七〕「遞看」，《外集》作「迎看」。

徵引書目

《春秋左傳注疏》，影印清嘉慶刊「十三經注疏」本，中華書局，二〇〇九年。
《後漢書》，中華書局，一九六五年。
《三國志》，中華書局，一九五九年。
《宋史》，中華書局，一九七七年。
《續資治通鑑長編》，上海師範大學古籍整理研究所、華東師範大學古籍研究所點校，中華書局，二〇〇四年。
《宋人所撰三蘇年譜彙刊》，王水照著，中華書局，二〇一五年。
《蘇軾年譜》，孔凡禮撰，中華書局，一九九八年。
《搜神後記》，汪紹楹校注，中華書局，一九八一年。
《東坡志林》，影印明萬曆乙未趙開美刊五卷本，文物出版社，二〇二〇年。
《談苑》，池潔整理，大象出版社「全宋筆記」，二〇〇六年。

《邵氏聞見録》，李劍雄、劉德權點校，中華書局「唐宋史料筆記叢刊」，一九八三年。
《萍洲可談》，李偉國整理，大象出版社「全宋筆記」，二〇〇六年。
《嶺外代答》，查清華整理，大象出版社「全宋筆記」，二〇一三年。
《楓窗小牘》，俞鋼、王彩燕整理，大象出版社「全宋筆記」，二〇〇八年。
《醫説》，「中華再造善本」影印南京圖書館藏宋刻本。
《蘇沈良方》，楊俊傑、王振國點校，上海科學技術出版社，二〇〇三年。
《説郛》，中國書店，一九八六年。
《四庫全書總目》，中華書局，一九六五年。
《文選》，中華書局據清胡克家翻刻南宋本斷句影印，一九七七年。
《藝文類聚》，汪紹楹校，上海古籍出版社，一九九八年。
《新定杜工部草堂詩箋斠證》，曾祥波新定斠證，上海古籍出版社，二〇二一年。
《歐陽修全集》，李逸安點校，中華書局，二〇〇一年。
《徂徠石先生文集》，陳植鍔點校，中華書局，一九八四年。
《張方平集》，鄭涵點校，中州古籍出版社，一九九二年。

《明成化本東坡七集》，國家圖書館出版社，二〇一九年。
《東坡全集》，日本國會圖書館藏明刊本。
《蘇軾全集校注》，張志烈、馬德富、周裕鍇校注，河北人民出版社，二〇一〇年。
《欒城集》，曾棗莊、馬德富校點，上海古籍出版社，一九八七年。
《青山集》，「中華再造善本」影印國家圖書館藏宋刻本。
《西臺集》，陳斌校點，中州古籍出版社，二〇〇五年。
《後山居士文集》，上海古籍出版社，一九八四年。
《淮海集箋注》，徐培均箋注，上海古籍出版社，二〇〇〇年。
《太史升庵文集》，國家圖書館藏明刻本。
《歷代詩話》，清何文煥輯，中華書局，一九八一年。
《宗統編年》，藍吉富主編《禪宗全書》本，北京圖書館出版社，二〇〇四年。
《拉康選集》，褚孝泉譯，華東師範大學出版社，二〇一九年。

附録一

明萬曆壬寅趙開美刊五卷本序

《筆記》於《志林》，表裏書也。先大夫既已序《志林》而刻之矣。兹於曾公《類説》中，復得此兩卷，其與《志林》並見者，得三十六則，去其文而存其題，庶無複辭，亦不廢若原書，此余刻《筆記》意也。竊謂長公才具七斗，游戲翰墨皆成文章，故片紙隻字，無非斷圭折璧。才既高而節復峻，此足以起忮矣，况復呶呶不勝。其睥睨一世，則側目而揶揄之者，固將甘心焉？而相公廝壞，殆以柄國者爲鰲矣。士固可殺不可辱也，議新法未必傷柄人之心，然此等語不足以徹髓耶！夫荆公固士也，學雖僻而奈何辱之哉？烏臺之獄，豈盡人尤也乎！刻《筆記》。萬曆壬寅孟夏日，海虞清常道人趙開美識。

民國九年涵芬樓鉛印本夏敬觀跋

右《仇池筆記》二卷，舊題宋蘇軾撰，亦宋人所裒集，非軾所手定也。趙開美既刊《志林》，又取此書於曾慥《類説》中刻之，去其與《志林》並見者三十六則，但存其題，詳見趙序。今鈔本《類説》列第十卷。凡上下二卷，共百三十八則。四庫所收，從趙本録出，凡載全文者九十二，去文存題者三十四。崑山徐氏傳是樓鈔本亦然，疑所見乃趙氏刊版既佚後不全之本。此本取自鈔本《類説》，增全文九，存題三，並見《志林》者實有三十七則，與趙刻去文存題三十六則之數又不符。或趙氏檢對《志林》有漏略耶？兹以三本對校，以正盌脱之誤。其見於商刻《志林》中者，往往視此爲詳，殆商刻集自原文，此則已經曾慥删削，間有足以訂正訛誤者，因亦剌取之，其無關訂訛者，不入校語，以存《類説》之舊焉。己未仲春，新建夏敬觀跋。

附録二

《仇池筆記》與《重編東坡先生外集》《東坡志林》篇目對應表

《仇池筆記》	《重編東坡先生外集》	
卷上		
論文選	卷四十一「題跋·詩詞」	題文選
三殤	卷四十一「題跋·詩詞」	書謝瞻詩
日月蝕	卷四十二「題跋·詩詞」	書日月蝕詩
中宮太一	卷四十二「題跋·詩詞」	書子美自平詩
八陣圖詩	卷四十二「題跋·詩詞」	記子美八(陣)圖詩
不忮之誠信於異類	卷六十二「雜記」	記先夫人不殘鳥雀

陽關三疊	卷四十二「題跋・詩詞」	記陽關第四聲
磨蝎爲身宫	卷四十二「題跋・詩詞」	書退之詩　其二
治目治齒（亦見《志林》）	卷六十「雜記・醫藥」	目忌點洗説
老子解	卷四十「題跋・雜文」	跋子由老子解後
三豪詩	卷四十四「題跋・詩詞」	評杜默詩
萬花會	卷五十六「雜記・人物」	以樂害民
弄胡孫（亦見《志林》）	卷五十六「雜記・人物」	黄寔言高麗通北虜
治大風方（亦見《志林》）	卷六十「雜記・醫藥」	錢子飛施藥
酒名	卷四十二「題跋・詩詞」	記退之抛青春句
論詩	卷四十一「題跋・詩詞」	書諸集僞謬、書李白集
禁同省往來（亦見《志林》）	卷四十二「題跋・詩詞」	記樂天詩西掖通東省
劉原父語（亦見《志林》）	卷四十五「題跋・詩詞」	書黄州詩記劉原父語
溪洞畫李師中像	卷五十六「雜記・人物」	谿洞蠻神事李師中

韓玉汝李金吾	卷五十六「雜記・人物」	韓鎮酷刑
舒公封荆公	卷五十六「雜記・人物」	宰相不學
以意改書	卷四十一「題跋・詩詞」	書諸集改字、題淵明飲酒詩後
書秋雨詩	卷五十七「雜記・人物」	馬正卿守節
杜子美詩	卷四十二「題跋・詩詞」	書子美驄馬行、雜書子美詩、書子美憶昔詩
子美詩外有事在	卷四十二「題跋・詩詞」	評子美詩
歸去來辭（亦見《志林》）	卷三十八「題跋・雜文」	書淵明歸去來序
孟郊詩（亦見《志林》）	卷四十一「題跋・詩詞」	記永叔評孟郊詩
白樂天詩	卷四十二「題跋・詩詞」	書樂天香山寺詩
成相	卷三十七「題跋・雜文」	記孫卿韻語
擬作	卷四十一「題跋・詩詞」	題蔡琰詩

薑多食損智	卷五十六「雜記・人物」	劉貢父戲介甫
石墨	卷五十一「題跋・紙墨」	書沈存中石墨
桃笙	卷四十二「題跋・詩詞」	書柳子厚詩
池魚（亦見《志林》）	卷五十八「雜記」	池魚自達
耳白於面（亦見《志林》）	卷五十六「雜記・人物」	文忠公相
如夢詞	待考	
論物理	卷六十二「雜記・草木飲食」	菱芡桃杏説
木蠹	卷六十二「雜記・草木飲食」	菱芡桃杏説
小兒吸蟾蜍氣（亦見《志林》）	卷五十八「雜記」	空冢小兒
奴爲祟（亦見《志林》）	卷五十八「雜記」	石普嗜殺
附語	卷五十八「雜記」	鬼附語
晉人書	卷四十七「題跋・書帖」	題晉人帖

隱者楊朴（亦見《志林》）	卷四十四「題跋・詩詞」	題楊朴妻詩
	卷四十五「題跋・詩詞」	題魏處士詩
古鏡	卷三十九「題跋・雜文」	書所獲鏡銘
剖桃核得雄黃（亦見《志林》）	卷五十八「雜記」	王翊救鹿
研光帽	卷四十五「題跋・詩詞」	記謝中舍詩
戴松鬬牛	卷五十「題跋・畫」	書黄筌畫雀、書戴嵩畫牛
鵝有二能	卷六十二「雜記」	記錢塘殺鵝
戒殺	卷六十二「雜記・草木飲食」	食雞卵説
論醫	卷六十「雜記・醫藥」	求醫診脉
黎稼子（亦見《志林》）	卷五十七「雜記・人物」	黎檬子
服井花水（亦見《志林》）	卷六十「雜記・醫藥」	井華水
費孝先卦影（亦見《志林》）	卷五十八「雜記」	費孝先卦影
看茶啜墨	卷五十一「題跋・紙墨」	書茶墨相反

正獻公焚聖語	卷五十六「雜記・人物」	杜正獻焚聖語
賈婆婆（亦見《志林》）	卷五十六「雜記・人物」	仁祖聖德
世有顯人	卷五十六「雜記・人物」	王欽若沮李士衡
論柳宗元	卷二十二「史評」	柳子厚誕妄
論金土同價	卷十九、卷二十「史評」	堯桀之民、齊高帝齊物
青苗錢（亦見《志林》）	卷五十七「雜記・人物」	唐允從論青苗
巫蠱	卷十九「史評」	漢武巫蠱魁
字謎	卷四十二「題跋・詩詞」	題鮑明遠詩
論墨	卷五十二「題跋・紙墨」	書懷民所遺墨
佛菩薩語	卷三十九「題跋・雜文」	跋王氏華嚴經解
李赤詩	卷四十二「題跋・詩詞」	書李白十詠
論茶	卷六十二「雜記・草木飲食」	漱茶説
魯直詩文	待考	

論漆畏蟹黃	待考	
二紅飯	待考	
大禹周公	待考	
卷下		
論設醴	明刊通行本「東坡大全集」卷九十二「評史」、十二卷本《東坡志林》卷八	穆生去楚王戊
服松脂	卷六十「雜記・醫藥」	服松脂法贈米元章
孔北海	卷五十六「雜記・人物」	張安道比孔北海
梁賈（亦見《志林》）	待考	
雞唱	卷四十一「題跋・詩詞」	書雞鳴歌
王晉卿墨	待考	
徐仲車二反	卷五十七「雜記・人物」	徐仲車二反
論漢武帝	卷十九「史評」	衛青奴才

硬黃臨二王書	卷四十七「題跋・書帖」	跋褚薛書
魯直詩	卷四十五「題跋・詩詞」	書黃魯直詩後　其二
寶應民	卷四十五「題跋・詩詞」	記鬼詩
佛受戒平冤	卷四十「題跋・雜文」	跋魯直李氏傳
蔡君謨書	卷四十九「題跋・書帖」	跋蔡君謨書
張子野詩	卷四十五「題跋・詩詞」	題張子野詩集後
林檎詩	卷四十六「題跋・詩詞」	書邁詩
鳳咮硯	卷五十二「題跋・筆硯」	書雲庵紅絲硯、書鳳咮硯
李十八草書	卷四十八「題跋・書帖」	題李十八浄因雜書、跋文與可草書
楊凝式書	卷四十八「題跋・書帖」	王文甫達軒評書
杜甫詩	卷四十二「題跋・詩詞」	記子美陋句
與曇秀唱和	卷四十六「題跋・詩詞」	書曇秀詩

文與可詩	卷四十六「題跋・詩詞」	書曇秀詩
論董秦	卷四十三「題跋・詩詞」	書玉川子詩論李忠臣
樂天燒丹（亦見《志林》）	卷六十二「雜記」	事不能兩立
盤遊飯谷董羹	卷四十六「題跋・詩詞」	書陸道士詩
參寥詩（亦見《志林》）	卷四十四「題跋・詩詞」 卷四十五「題跋・詩詞」	記參寥詩 書參寥詩
煮猪頭頌	卷二十三「頌」	煮猪肉羹頌
菼草詩	卷六十「雜記・醫藥」	菼草録
採艾	卷六十「雜記・醫藥」	艾人着灸法
治内障眼	待考	
潘谷墨	卷五十一「題跋・紙墨」	書潘谷墨
雪堂義尊	卷五十一「題跋・紙墨」	書雪堂義墨
顔魯公臨逸少字	卷四十七「題跋・書帖」	題顔公書畫贊

歐公書	卷四十八「題跋・書帖」	跋歐陽文忠公書
荆公書	待考	
真人之心	卷三十九「題跋・雜文」	記導引家語
搬運法	卷五十九「雜記・修煉」	侍其公氣術
勤修善果	卷四十「題跋・雜文」	記佛語
衆狗不悦	卷六十一「雜記・草木飲食」	食羊脊骨説
三老問年	卷六十二「雜記」	三老人論年
夢韓魏公	待考	
真一酒	待考	
法報化三身	卷四十「題跋・雜文」	論六祖壇經
蒸豚詩	卷四十六「題跋・詩詞」	書蜀僧詩
儋耳地獄	卷五十八「雜記」	處子再生
五穀耗地氣	卷六十一「雜記・草木飲食」	金穀説

論菊	卷六十二「雜記・草木飲食」	記南海菊
本秀二僧（亦見《志林》）	卷五十七「雜記・人物」	本秀二僧
梅詢非君子（亦見《志林》）	卷五十六「雜記・人物」	真宗信李沆
吴育不相（亦見《志林》）	卷五十六「雜記・人物」	真宗信李沆
時無英雄豎子成名（亦見《志林》）	卷四十一「題跋・詩詞」	書太白廣武戰場詩
永洛之役	卷五十六「雜記・人物」	永洛事
二李優劣	卷五十六「雜記・人物」	永洛事
太尉足香	卷五十六「雜記・人物」	彭孫諂李憲
西征途中詩	卷四十五「題跋・詩詞」	書張芸叟詩
招高麗（亦見《志林》）	卷五十六「雜記・人物」	吕公弼招致高麗人
易書論語説	卷四十「題跋・雜文」	題所作書易傳論語説
太極真人	卷三十八「題跋・雜文」	書徐則事

論金鹽	卷六十一「雜記・草木飲食」	金鹽説
放生池碑	卷四十七「題跋・書帖」	題魯公放生池碑
三駿馬	待考	
誦金剛經（亦見《志林》）	卷五十八「雜記」	金剛經報
神清洞	待考	
論杜甫杜鵑詩	卷四十二「題跋・詩詞」	辨杜子美杜鵑詩
轑釜（亦見《志林》）	待考	
論淳于髡	卷三十七「題跋・雜文」	書淳于髡傳後
竹雌雄	卷六十一「雜記・草木飲食」	記竹雌雄
戒殺	卷三十七「題跋・雜文」	書南史盧度傳
廣利王召	卷五十八「雜記」	廣利王召

附録三

《仇池筆記》的成書來源及其價值

——以明刊《重編東坡先生外集》爲切入點

曾祥波

《仇池筆記》是署名蘇軾的兩種筆記之一（另一種是《東坡志林》）。關於《仇池筆記》的成書時間，由於初刊於紹興六年（一一三六）的曾慥《類説》收録了此書，因此紹興六年是目前所知《仇池筆記》成書時間的下限，此時距離蘇軾去世的建中靖國元年（一一〇一）不過三十年左右。關於《仇池筆記》的可靠性問題，自其成書之後被引用、著録的情況來看，南宋以來公認此書内容基本出自東坡之手，成書則出自後人編纂，僅有個别條目存在羼入他人内容的情況。既然《仇池筆記》的内容不見於傳承有序、最爲可靠的「東坡六集（七集）」系統（説詳後），那麽編纂者是從哪裏得到這樣一批確信出自東坡之手的文獻，從而使得這樣一種編纂結果得到了距離東坡去世不過約三十年的同時代讀者的認可？這一關係到《仇池筆記》「著作權合法性」的問題，迄今爲止尚未引起注意、更未得到合理説明。

對《仇池筆記》「著作權合法性」問題的解決還能起到另外一個作用，即間接解決《仇池筆記》的版本問題。《仇池筆記》成書後爲南宋紹興初曾慥《類説》收録，《類説》本成爲《仇池筆記》後來一切版本的源頭〔一〕。《類説》的「文本系統」有兩種：一種是宋刻殘本三卷（今藏國家圖書館），其中兩卷爲《仇池筆記》七十條〔二〕。另外一種包括明、清鈔宋本五十卷與明刊本六十卷，二本卷帙不同，内容基本一致，收録《仇池筆記》一百三十八條，比宋刻殘本多出六十八條。目前學界有兩種觀點：一種認爲《類説》宋刊殘本爲初刊

〔一〕在三種版本《類説》所收《仇池筆記》之外，明人趙開美據明刊本六十卷《類説》刊行《仇池筆記》單行本一百三十八條，趙本又成爲明、清若干版本的源頭。趙本及其後來源出諸本可與明刊《類説》本等同視之，無須另作考察。

〔二〕按，另外一卷是《東軒雜録》二十七條、《隱齋閑覽》二十八條合爲一卷。

本，清鈔宋本五十卷屬於修訂本系統〔一〕，另一種認爲《類説》清鈔宋本五十卷爲初刊本系統，宋刊殘本爲删節本〔二〕。限於現存資料情況，孰爲初刊本、孰爲修訂本，都没有決定性證據，難以作出結論。可以説，對《仇池筆記》文本問題的研究，迄今爲止皆限於對作爲筆記專書的《仇池筆記》版本初刻與流傳問題的考察，而從這個角度研究，如果没有新資料的出現，問題基本上不可能得到解決，已經走入絶境。如果從本文的路徑入手，就《仇池筆記》編纂者據以成書的出自東坡之手的文本内容來源給出説明，就可以繞開目前無法解決的《仇池筆記》版本初刻與流傳問題，改變方向轉而從文本源頭衡量現存《仇池筆記》成書來源及其價值問題。

〔一〕説詳趙庶洋《略論清抄宋本〈類説〉的價值》（《文獻》二〇一二年第三期），趙文還進一步指出清鈔宋本異文較明刊本爲勝。另外，筆者發現上圖還藏有兩種明鈔本，國圖亦藏有明鈔本殘帙一種（存卷五—一四、卷一九—二〇、卷二四—二七、卷三一—五〇共三十六卷），皆屬於五十卷本系統，然清鈔本文字較三種明鈔本爲佳。

〔二〕關静《〈類説〉宋刊殘本爲曾慥真本説辨正》，《中國典籍與文化》二〇二〇年第一期。

一、《仇池筆記》在蘇軾著述體系中的位置

蘇軾著述最爲可靠的文本，是他本人親自編定或曾經寓目的「東坡六集（七集）」系統。蘇軾去世後，蘇轍列舉其生平著述：「有《東坡集》四十卷、《後集》二十卷、《奏議》十五卷、《内制》十卷、《外制》三卷。公詩本似李、杜，晚喜陶淵明，追和之者幾遍，凡四卷。」〔一〕上述「六集」九十二卷是蘇集定本的最早情況。六集中，《東坡集》四十卷又稱《前集》，爲蘇軾手定〔二〕。《後集》二十卷可能源于劉沔編纂之本，蘇軾曾寓目表示滿意〔三〕，後來也許又經

〔一〕見蘇轍《欒城後集》卷二十二《亡兄子瞻端明墓誌銘》，載《蘇轍集》，中華書局一九九〇年版，第一一二七頁。

〔二〕南宋胡仔《苕溪漁隱叢話後集》卷二十八（人民文學出版社一九六二年版，第二一二頁）載：「世傳《前集》乃東坡手自編者，隨其出處，古律詩相間，謬誤絶少……《後集》乃後人所編。」

〔三〕蘇軾稱：「足下所示二十卷，無一篇僞者，又少謬訛。」（見《東坡後集》卷十四《答劉沔都漕書一首》，《明成化本東坡七集》，國家圖書館出版社二〇一九年版，第一三册，第一一八頁。）

其子蘇過補充編纂〔一〕。《奏議》《外制》《内制》三集二十八卷，是蘇軾任職中書舍人、翰林學士知制誥期間的公文寫作，按照宋人文集編撰的習慣，多在生前親自編定。《和陶詩》四卷出自蘇軾手定〔二〕。由此可見，六集皆出於蘇軾生前手定或寓目認可，是東坡著述中流傳有緒、最爲可靠的文本。宋代從「六集」走向「七集」的過程，從現存文獻來看最大可能性是增補《應詔集》進入「六集」，形成「七集」〔三〕。明代「東坡七集」較之宋代「七

〔一〕孫覿《與蘇守季文》（《内簡尺牘》卷七，影印文淵閣《四庫全書》本，第一一三五册，第〇五三六a頁）：「《東坡後集》或云即劉元忠所集二十卷，則容有未盡也。」後來經蘇過之手編成（繆荃孫《跋》引錢求赤《書（東坡）後集》，載于《明成化本東坡七集》，第三〇册，第一七四頁）。

〔二〕蘇轍《子瞻和陶淵明詩集引》（《欒城後集》卷二十一，第一一一〇頁）引蘇軾自述：「吾前後和其詩凡百數十篇……今將集而並録之，以遺後之君子，子爲我志之。」

〔三〕宋慶元蜀刻大、小字本殘帙應該是現存「東坡七集」系統的最早版本。大字本，今存臺灣「中央圖書館」藏《東坡集》卷十七、天津圖書館藏《奏議》卷二殘帙兩種。小字本，今存國家圖書館藏《應詔集》十卷一種。劉尚榮《蘇軾著作版本論叢》認爲大字本、小字本即洪邁《容齋五筆》所説眉山功德寺所刻大、小二本，二本字體有别而内容全同。從大、小字本殘帙的篇目編次特點可以看出，大字本之《東坡集》《奏議》爲「六集」原目，小字本之《應詔集》原非「六集」（轉下頁注）

集」本雖又有調整變化，但源流清楚，即將宋代「七集」系統之外的内容增補爲《續集》，同時又將《和陶詩》合爲一卷納入《續集》，從而保持宋代「七集」數目及基本框架不變〔二〕。因此儘管宋代「東坡六集（七集）」没有完帙存世，但可以通過明代「東坡七集」瞭解其全貌。總之，「東坡六集（七集）」系統中，没有《仇池筆記》全書與單篇文本的蹤跡。

在「東坡六集（七集）」系統形成後，宋代出現了由書坊主導，打亂「六集（七集）」編次，以類相從，並增補若干新内容的「類編大全集」版本系統。宋刊東坡「類編大全集」今已不存，只能通過明刊「類編大全集」間接瞭解宋刊本的面貌。明刊東坡詩文「類編大全集」有兩個版本系統。第一種是國家圖書館今藏成化、弘治年間刻大全集本《蘇文忠公

（接上頁注）之目。二本内容既然全同，則《應詔集》當與「六集」原目合而計之，其數恰爲「七集」。其他宋刻殘帙，據劉尚榮《蘇軾著作版本論叢》、祝尚書《宋人别集敘録》著録今存四種，分别是黄州北宋末刻南宋遞修本、孝宗朝刊大字本、孝宗朝刊每行二十字本、孝宗朝刊小字本。這四種殘帙因其存留篇目皆屬於「六集」原目範圍，無法判斷是否屬於「七集」系統。

〔二〕説詳曾祥波《〈明成化本東坡七集〉序言》，第一册，第四—五頁。

集》一百十二卷，傅增湘推測其源于宋本，保存了宋編舊貌〔一〕。此書並無《仇池筆記》全書與單篇文本的蹤跡。第二種爲明萬曆刊本《東坡全集》一百十五卷，以及以萬曆本爲底本的清康熙蔡士英刊《東坡全集》一百十五卷，此本也未包含《仇池筆記》全書與單篇文本内容。

綜上所述，《仇池筆記》在蘇軾去世後約三十年間就已成書，但全書及單篇文本既不見於蘇軾生前手定或寓目、流傳有緒、最爲可靠的「東坡六集（七集）」系統，又不見於坊

〔一〕傅增湘《藏園群書經眼録》（中華書局二〇〇九年版，第九七四頁）：「卷次則分類編次……每類之中又各分細類。按，此本傳世極稀……未能考其源流，其分類頗有倫次，疑其源出舊本，非明人率爾編輯所能爲。」需要指出，南宋寧宗、理宗朝陳振孫見到的宋代「類編大全集」包含了《東坡手澤》：「《東坡手澤》三卷，蘇軾撰。今俗本《大全集》中所謂《志林》者也。」（《直齋書録解題》卷十一「小説家類」，上海古籍出版社一九八七年，第三二九頁。）另外，《直齋書録解題》卷十七「别集類中」（第五〇二—五〇三頁）説：「麻沙書坊又有《大全集》，兼載《志林》《雜説》之類，亦雜以潁濱及小坡之文，且間有訛僞剿入者。」其内容大約相當於今存《東坡志林》五卷本去除末卷「論古」十三篇後餘下的前四卷部分。根據成化、弘治大全集本未收録《東坡手澤》的情況判斷，傅增湘認爲此本保存了宋本「類編大全集」舊貌的説法恐難成立。

間根據「六集（七集）」系統增補後重新編次的宋、明兩代「類編大全集」系統，那麽《仇池筆記》的文獻來源是什麽？如果能找到《仇池筆記》的文本來源，那麽限於資料難以解決的《仇池筆記》版本初刊與流傳問題的重要性就減弱了，因爲初刊與流傳問題的實質還是以探求《仇池筆記》文本内容可靠性爲最終目的。

二、解決問題的新角度：明刊《重編東坡先生外集》的重新定位與利用

在東坡著述「六集」系統之外，還存在一批蘇軾著述文獻，它們大約可以分爲兩類：第一類從題名看屬於一官一集、一地一集、一事一集，出於作者自定的「即時性」編撰方式，可能是「六集」本的更早文獻源頭，今皆不存〔一〕。第二類從題名及現存内容看

〔一〕包括《南行集》《岐梁集》《錢塘集》《超然集》《黄樓集》《眉山集》《武功集》《雪堂集》《黄岡小集》《仇池集》《毗陵集》《蘭臺集》《玉局集》《海上老人集》等（見明刊《重編東坡先生外集》序，收録于四川大學古籍整理研究所編《宋集珍本叢刊》，線裝書局二〇〇四年版，第二〇册，第一〇九頁）。

出於「六集」本形成之後，屬於「六集」之外的蘇軾作品輯佚補編性質〔一〕，今存《應詔集》《重編東坡先生外集》兩種。其中《應詔集》進入「六集」形成「七集」，已經成爲「六集（七集）」系統的一部分。因此，只有《東坡外集》一種是現存唯一東坡「六集（七集）」系統之外的東坡著述文獻。《東坡外集》宋本今已不存，僅有明刊《重編東坡先生外集》八十六卷傳世〔二〕。過去對明刊《重編東坡先生外集》的文獻源流定位未明，造成對此書利用不够，近來學者開始注意到明刊《重編東坡先生外集》文本具有「源頭性」

〔一〕包括《應詔集》十卷（見晁公武撰、孫猛校證《郡齋讀書志校證》卷十九，上海古籍出版社一九九〇年版，第九九六頁）、《東坡先生別集》三十二卷、《續別集》八卷（見《郡齋讀書志校證》載趙希弁《讀書附志》卷下，第一一八九頁）、《東坡遺編》（見明刊《重編東坡先生外集》序，第二〇册，第一〇九頁）、《東坡外集》（今存明刊《重編東坡先生外集》）等。

〔二〕國家圖書館有藏。又，《宋集珍本叢刊》與《四庫全書存目叢書》（集部第一一册，齊魯書社一九九七年版）皆收録影印明萬曆三十六年康丕揚淮揚府署刻本，但《四庫全書存目叢書》本收録書前序文、附録《年譜》及跋文皆有所遺漏。

意義〔一〕。此書成爲追溯《仇池筆記》文本來源的關鍵文獻。

清代四庫館臣認爲《東坡外集》是僞書，説：「《外集》之名，以别《内集》。軾之詩文既已全載於此，别無所謂《内集》，則《外集》之名殊無根據。」〔二〕這種理解過於拘泥。所謂《外集》，針對包含了《前集》《後集》的整個「東坡六集（七集）」而言，意在將「六集（七集）」視爲蘇軾自編，寓目的「内集」，對「六集（七集）」的補遺視爲「外集」，相當於古人著述分爲「内篇」「外篇」之義。余嘉錫不同意四庫館臣意見，根據《外集序》所載「《南行集》……《海上老人集》」諸書名非元、明間人得見，推測「《外集》之編纂，當出於南宋人之

〔一〕陳露露《〈東坡外集〉考論》（刊載于《中國蘇軾研究》二〇一八年，總第一〇輯）指出，《東坡外集》成書下限在南宋初，是今存時間最早、内容最豐富的宋代「東坡七集」補遺本，可以通過它窺探由「七集」走向「類編大全集」的蘇集系統流變。研究「七集」之外的蘇軾作品，應首先利用具有源頭性意義的《東坡外集》。《東坡外集》宋本雖不傳，但以此爲底本的明刊《重編東坡先生外集》保存了宋本原貌。又如朱剛《「烏臺詩案」的審與判——從審刑院本〈烏臺詩案〉説起》（《北京大學學報》二〇一八年六期）指出，與通行的御史臺本相比，明刊《重編東坡先生外集》最末一卷（卷八六）所載爲《烏臺詩案》審刑院本，保存了比其他版本（御史臺本）更詳細的結案判詞原貌。

〔二〕《四庫全書總目》卷一百七十四，中華書局一九六五年版，第一五三七頁。

手」〔一〕。劉尚榮發現了郎曄選注《經進東坡文集事略》引用《外集》的證據，根據《經進東坡文集事略》上呈于光宗紹熙二年（一一九一），將《外集》編纂下限推進到南宋光宗朝〔二〕。陳露露進一步發現了宋人趙次公《杜詩趙次公先後解》注文引用《東坡外集》的證據，因爲趙次公「著杜詩注當在紹興四年至十七年之間」〔三〕，由此將《東坡外集》成書時間下限推進到南宋初〔四〕。《東坡外集》成書距離蘇軾去世及「東坡六集」編成刊行不過約三十年，在宋人喜好搜集東坡佚文遺墨的風氣中早著先鞭，所得甚富，可靠性高。需要指出，《東坡外集》是從「六集（七集）」走向「類編大全集」（《備成集》也屬於這一類型）的重要文獻來源之一，也就是説，三者的時間順序是：「六集（七集）」——《東坡外集》——「類編大全集」等。儘管宋代「類編大全集」等已經不存，但可以通過《東坡外集》

〔一〕余嘉錫《四庫提要辨證》卷二十二「《東坡全集》一百十五卷」條，雲南人民出版社二〇〇四年版，第一一六〇頁。
〔二〕劉尚榮《〈東坡外集〉雜考》，載于《蘇軾著作版本論叢》，巴蜀書社一九八六年版，第一一二頁。
〔三〕林繼中《杜詩趙次公先後解輯校（修訂本）·前言》，上海古籍出版社二〇一二年版，第三頁。
〔四〕陳露露《〈東坡外集〉考論》，第三四九—三五〇頁。

所載具有寫作遞進層次意義的内容重出條目（説詳後），説明《外集》成書在「類編大全集」等之前。試想，如果《東坡外集》是出自「類編大全集」，那麽作爲坊本的「類編大全集」早已將這些重出條目删削（整飭統一正是「類編大全集」的首要任務），《東坡外集》將無法獲得這些條目的重出部分，所以情況只能相反，即《東坡外集》直接來自「六集（七集）」未收録的東坡文獻，後來《東坡外集》又被「類編大全集」等吸納利用作爲「六集（七集）」内容的增補。過去有學者猜測《東坡外集》是從宋代「類編大全集」中摘出「六集（七集）」系統中所没有的篇章形成，這一説法未舉出任何證據，應該放棄。另外再進一步考慮到，針對元祐黨人的文禁從徽宗即位開始，在宣和年間（一一一九—一一二五）加强，一直持續到北宋末靖康年間（一一二六—一一二七）〔二〕，很難想像此後南渡初戰火

〔二〕南宋陳均《皇朝編年綱目備要》卷二十九「癸卯宣和五年秋七月・禁元祐學術」條（中華書局二〇〇六年版，第七五〇頁）：「中書省言福建路印造蘇軾、司馬光文集，詔令毁板。今後舉人傳習元祐學術者，以違制論。明年，又申嚴之。冬，又詔曰：『朕自初服，廢元祐學術。比歲，至復尊事蘇軾、黄庭堅，軾、庭堅獲罪宗廟，義不戴天，片文隻字，並令焚毁勿存。違者以大不恭論。』靖康初，罷之。」

蔓延至東南地域，會有全面整理手稿遺文刊行的舉動，因此三十年的時段還可以縮小，從而更趨近于蘇軾去世後不久、文禁尚未加强的宣和年間（一一一九—一一二五）之前，大概在東坡去世後二十年間。無論從哪一種角度看，《東坡外集》成書在北宋末至南宋初之間，這一成書階段早于現存《仇池筆記》所有版本系統的成書刊刻時間（南宋紹興初年）。

宋本《東坡外集》今已佚，但明代毛九苞編《重編東坡先生外集》基本可以視爲宋本《東坡外集》原貌。原因有二：第一，《重編東坡先生外集》所載的《東坡先生外集（序）》與《東坡先生年譜跋》的口吻及其編纂者掌握的東坡文獻情況（即宋以後已經散佚的《南行集》《海上老人集》等近二十種東坡文獻）來看，《重編東坡先生外集》自稱據爲底本的焦竑鈔録秘閣本的源頭應該是宋本〔一〕。明刊《重編東坡外集》忠實地遵照了《東坡外集》，焦竑序説重編本遵循秘閣本原貌不變，「卷帙有序，如《題跋》一部，遊行、詩文、書畫等各以類從」云云。特别是考慮到明刊《重編東坡先生外集》完全承襲宋本舊貌的「題

〔一〕焦竑《答茅孝若》説：「頃僕所藏洪熙御府本一，抄出閣本《外集》一，閣本《尺牘》一、《長短句》一。」（《澹園續集》卷五，《續修四庫全書》，上海古籍出版社二〇〇二年版，第一三六四册，第六一一頁）

跋」「雜記」正是集中出現《仇池筆記》文本的部分，這與本文討論的問題範圍完全相符。第二，茅維編《蘇文忠公全集》完整收録了《東坡外集》卷十一至八十五的所有内容，茅維撰《蘇文忠公全集敘》説：「迄今遍搜楚、越，並非善本，既嗟所缺，復憾其訛。丐諸秣陵焦太史所藏閣本《外集》，太史公該博而有專嗜，出示手板，甚核。參之《志林》《仇池筆記》等書，增益者十之二三，私加刊次。」〔一〕《蘇文忠公全集》成書于萬曆三十四年（一六〇六），《重編東坡先生外集》刻于萬曆三十六年（一六〇八），因此茅維所用《東坡外集》還是未經重編的焦竑藏秘閣本。陳露露詳細比對茅維編《蘇文忠公全集》與明刊《重編東坡先生外集》二書，茅本與《重編東坡先生外集》本在類目編次及内容上（尤其是「題

〔一〕按，茅維《蘇文忠公全集敘》所説「參之《志林》《仇池筆記》等書，增益者十之二三」，是指《外集》中與《東坡志林》《仇池筆記》相同内容的條目，《外集》文本内容比《東坡志林》《仇池筆記》要豐富（此點參見下文比勘結果），而不是説將《東坡志林》《仇池筆記》通行本的多出條目增補進《蘇文忠公全集》。否則，《外集》與《東坡志林》《仇池筆記》相同條目的數量要低於《東坡志林》《仇池筆記》通行本的全部條目數量，如果將《東坡志林》《仇池筆記》通行本的多出條目增補進《蘇文忠公全集》，那麽現存《蘇文忠公全集》相關條目也就將等於《東坡志林》《仇池筆記》通行本條目數量，而與《外集》不同，實際情況並非如此。

跋」「雜記」部分）存在極爲鮮明的一一對應關係，説明《東坡外集》秘閣本編次及内容正是如此，毛九苞忠實于秘閣本未做改動。也就是説，明刊《重編東坡先生外集》整體上可以視爲《東坡外集》宋本原貌，最低限度來看，至少焦竑所説包含《仇池筆記》内容的「題跋」「雜記」部分完全一致，可以用來與《仇池筆記》進行比對校勘。孔凡禮點校本《蘇軾文集》以茅維編《蘇文忠公全集》爲底本，但没有意識到其中包含《東坡外集》内容部分具有源頭意義，因此孔校僅指出了《蘇文忠公全集》與《仇池筆記》共同内容部分的少量字辭異文，全未涉及大量篇幅文字的重出、拼拆、删削等問題，另外還有不少條目漏校，即由於條目的標題不同，又未對内容做比對，因此未發現這些條目也出現在《仇池筆記》中（同樣情況也發生在點校本《蘇軾文集》與《東坡志林》之間，説詳後）。

這裏需要對一個情況作説明，《重編東坡先生外集》收録了一篇《東坡先生外集（序）》，説到追謚「文忠」（「右文忠東坡先生文集之傳世者」），追謚之事發生在孝宗乾道六年（一一七〇）；除此之外，《重編東坡先生外集》還收録了南宋乾道九年（一一七三）孝宗撰《御製東坡先生文集贊并序》，可知《重編東坡先生外集》所依據的宋本應當是南宋乾道九年之後的刊本。但是，根據上文引證南宋高宗朝趙次公杜詩注本已經引用《東坡外集》的情況，可知《東坡外集》必然在孝宗朝之前就已經行世了。因此這説明《重編東坡外集》所依據南宋乾道後刊本其實只是對早已成書（成書時間在北宋宣和前）並行世的《東坡外集》初編初刊本的再次刊印本。《重編東坡先生外集》收録的《東坡先生外集（序）》文字也能够説明這一點：「親跡出於先生孫子與凡當時故家者皆在，庶幾觀是集者，併前、後二集（按，指七集系統最主要的兩部分《前集》《後集》），則先生之文無復逸遺之憾。」這是《外集》出自東坡家藏手稿與友朋所藏東坡手稿的明證。乾道重刊本再次刊行此書的目的，《序》也有所透露：「先生之文，流布天下，大字鍥版，與衆公共，非直以規利云。」「規利」説明乾道重刊本出自書坊。能够掌握東坡家藏手稿與友朋所藏東坡手稿，絶非時間上遠在東坡去世已久的乾道之後、關係上與蘇家毫無淵源的書坊所能爲之，這也説明書坊不過是對已經成書並流布的初編初刊本再次刊行。

三、《重編東坡先生外集》與《仇池筆記》的文本差異

如前所述，無論包含了《仇池筆記》的《類説》宋刻殘本（七十條）還是清鈔宋本（一百三十八條）中的哪一種是《類説》的初刊本或修訂本，這一百三十八個條目都屬於《仇池

筆記》原書是確鑿無疑的。換言之，無論節選本在先還是全選本在先，《仇池筆記》原書必然包含了一百三十八條〔二〕。因此，討論《仇池筆記》文獻來源時可以將一百三十八條全部納入考量範圍。經過比對明刊《重編東坡先生外集》（以下簡稱《外集》，需與宋本《外集》作區分時，稱明刊《外集》）與《仇池筆記》，發現兩者内容相同共有一百二十四條，占《仇池筆記》全部一百三十八條的百分之九十，有一條出自明刊「東坡大全集」，另有十三條出處待考。上述一百二十四則相同條目，每一條都存在文本差異，可分爲重出、拼拆、異文三種情況，下面僅舉典型例證説明問題。

（一）重出。

《仇池筆記》「以意改書」條：

近世人輕以意改書，鄙賤之人好惡多同，從而和之，遂使古書日就舛訛。孔子曰：「吾猶及史之闕文也。」蜀本《莊子》云：「用志不分，乃疑於神。」此與《易》「陰

〔二〕《類説》初刊本、修訂本成書時間相去不遠（紹興六年初刊，紹興十年修訂重刊），同出一手，只不過初刊本與修訂本對這一百三十八條兩次收録的選擇情況不同而已。

疑陽」、《禮》「使人疑汝於夫子」同。今四方本皆作「凝」。陶潛詩：「採菊東籬下，悠然見南山。」採菊之次，偶然見山，境與意會。今皆作「望南山」。杜子美云：「白鷗没浩蕩。」蓋滅没于淵波間。而宋敏求云「鷗不解没」，改作「波」。二詩改此兩字，覺一篇神氣索然也。

此條内容見《外集》卷四十二「題跋·詩詞」《書諸集改字》（三八五頁）。又，《外集》卷四十二「題跋·詩詞」《題淵明飲酒詩後》（三八二頁）：

採菊東籬下，悠然見南山。因採菊而見山，境與意會，此句最有妙處。近歲俗本皆作「望南山」，則一篇神氣都索然矣。古人用意深微，而俗士率然妄以意改，此最可疾。近見新開韓、柳集，多所刊定，失真者多矣。

《外集》此條文末有案語：「（毛九）苞按：重出小異。」指此條與《外集·書諸集改字》相似。可以看出，毛九苞忠實地承襲宋本《外集》原貌未作删削，僅以案語的方式説明重出情況，《題淵明飲酒詩後》作於前，此後東坡搜集古書改字事例漸多，遂將諸例集中撰寫爲《書諸集改字》一條。也就是説，《外集》最大程度保留了東坡劄記隨筆的手稿原貌，因此才會出現將不同時期的手稿箋條不作區别、删汰，盡數編次在一起，形成了所謂

「重出小異」的條目。這一做法最大程度保存了手稿原貌，對於從不同層級的文本探求寫作思路的漸次推進頗有幫助〔一〕。最後，《外集·書諸集改字》在「孔子曰」與「蜀本《莊子》」之間多「余少時見前輩皆不敢改字，故蜀本大字書皆善本」；「偶見南山」與「境與意會」之間《外集》多「初不用意」，較《仇池筆記》爲勝。尤其是「初不用意」，頗能見出詩思靈感發生的偶然性，緊扣上句「偶見」，最不可闕，不但《仇池筆記》失載，就是作爲初稿的《外集·題淵明飲酒詩後》也没有這一句。這是區别東坡再撰稿與初稿的明證，也是《外集》保留「手稿」文本勝過《仇池筆記》後出編纂文本的地方。

（二）拼拆。

如《仇池筆記》「論物理」條：

舒州醫人李惟熙善論物理，云：「菱芡皆水物，菱寒而芡暖者，菱花開背日，芡花

〔一〕劉尚榮《〈東坡外集〉雜考》認爲：「（重出條目）雖然保存了舊本原貌，但是案而不斷的做法，只能令人懷疑校訂者水準不高、能力有限。」（載于《蘇軾著作版本論叢》第一三一頁）這種看法是注重文本「結果」、忽略文本變化「過程」的傳統校勘思路。

開向日故也。」又曰：「桃、杏雙仁輒殺人者，其花本五出，六出必雙。草木花皆五出，惟柳、雪花六出，此殆陰陽之理。今桃、杏六出雙仁皆殺人者，失常故也。」以及《仇池筆記》「木蠹」條：

木實之蠹者必不沙爛，爛者必不蠹而能浮，不浮者亦殺人。嘗考其理，既沙爛散，則不能藴蓄而生蟲，瓜至甘而不蠹者，以其沙也。

《外集》卷六十一「雜記·草木飲食」《菱芡桃杏説》（五〇〇頁）包含了上述兩條内容，較「論物理」條開篇多「今日見提舉陳貽叔云」；文末多「木實之蠹者必不沙爛，沙爛者必不蠹而能浮，不浮者能殺人。余嘗考其理，既沙爛散，則不能藴蓄而生蟲，瓜至甘而不蠹者，以其沙也。此雖末事，亦理有不可欺者」，帶有總結從菱芡、桃李到木蠹一系列植物的口吻，説明它們原本屬於一體論述的内容。《仇池筆記》顯然是將《外集》文本分割爲兩條，又有所删削。

又如《仇池筆記》「與曇秀唱和」條：

余在廣陵，送客山光寺。曇秀作詩云：「扁舟乘興到山光，古寺臨流勝氣藏。慚愧南風知我意，吹將草木作天香。」余和云：「鬧裏清遊借隙光，醉時真境發天藏。夢回拾得吹來句，十里南風草木香。」

以及《仇池筆記》「文與可詩」條：

昔對歐公誦文與可詩，云：「美人卻扇坐，羞落庭下花。」公曰：「世間元有此句，與可拾得爾。」

《外集》卷四十六「題跋·詩詞」《書曇秀詩》（四一一—四一二頁）包含了上述兩條的內容，「余在廣陵」後多「與晁無咎、曇秀道人同舟」；「曇秀作詩」前多「客去，予醉卧舟中」；文末多「予昔對歐陽文忠公誦文與可詩云：『美人卻扇坐，羞落庭下花。』公云：『此非與可詩，世間元有此句，與可拾得耳。』後三年，秀來惠州見予，偶記此事」，交代寫作前因後果極爲清楚。《外集》所載顯然是手稿原貌，《仇池筆記》編者將其分割爲兩條。

（三）異文。

如《仇池筆記》「衆狗不悦」條：

惠州市寥落，然猶日殺一羊，不敢與在官者争買，時囑屠者買其脊，骨間亦有微肉，熟煮熟漉，若不熟則泡水不除，隨意用酒，薄點鹽，炙微焦，食之。終日摘剔，得微肉於牙綮間，如食蟹螯。率三五日一食，甚覺有補。子由三年堂庖，所食芻豢，滅齒而不得骨，豈復知此味乎！此雖戲語，極可施用。用此法，則衆狗不悦矣。

此條與《外集》卷六十二「雜記·草木飲食」《食羊脊骨説》（五〇五頁）相同，「豈復知此味乎」後《外集》多「戲書此紙遺之」，由此可知這是寫給蘇轍的信。特別值得注意的是，「用此法」《外集》作「然此説行」，「用此法」看似符合上下文表述，但「然此説行」卻更符合東坡下筆的真實意圖。東坡意謂食羊脊骨是惠州貶謫生活不多的一點樂趣，但即便是「不與在官者争」的些微快慰，一旦經由文字表述，流布開去，被在官者獲知，便會招來嫉恨和新的打擊，即所謂「衆狗不悦」。對比蘇軾在惠州期間因《白鶴新居上梁文》流露了「報道先生春睡美，道人輕打五更鐘」的愜意，隨即被章惇再貶儋州，就可以想見東坡警惕「然此説行，則衆狗不悦」的先見之明。東坡一生因言獲罪多矣，屢次自誡謹慎而終難更改癖性。因此，不妨將「然此説行」這個「簡單的口誤當作一個非常複雜的表述，甚至將一聲默默的歎息當作它所取代了的整篇的情感宣洩」〔一〕。换言之，儘管「此説」（流布

〔一〕〔法〕雅克·拉康《精神分析學中的言語和語言的作用和領域》，載于褚孝泉譯《拉康選集》，華東師範大學出版社二〇一九年版，第二四一頁。

開來的言語）較之「此法」（食用羊脊骨的方法）難以立即獲得理解，但卻屬於一個能够總述全篇精神實質、有意義的「口誤」。「此法」反而很可能是《仇池筆記》編纂者因不能理解「此説」這一無意流露、含有複雜情感的文本表達而作出的後來改動。

又如《仇池筆記》「五穀耗地氣」條：

> 吾昔有田在蘄水，僅種一斗，得稻十斛。問其故，云：「連山皆野草散木，不生五穀，地氣不耗，故發如此。」以是知五穀耗地氣爲最甚。昔王莽末，天下旱蝗，黄金一斤易粟一斗。至建武六年，野蠶成繭，被於山澤，至五年，穀漸少，而農事益修。蓋土不生穀，地氣亡所耗，蘊蓄日發而爲野蠶旅穀，其理甚明。地不生草木者，多産金錫，亦其理也。書此，以爲衛生之方。

此條與《外集》卷六十二「雜記・草木飲食」《金穀説》（五〇二頁）相同，「野蠶成繭」前《外集》多「野穀旅生，麻菽尤盛」；「被於山澤」後《外集》多「人收其利，歲以爲常」；「其理甚明」後《外集》作「庚辰歲正月六日讀《世祖本紀》，書其事，以爲衛生之方。地不生草木者，多産金錫珠貝，亦此理也」，可知作於東坡去世前一年，即元符三年（一一〇〇），東坡已有身體迅速衰弱的預感，因此談及衛生之方，並且以減少人爲折騰爲滋養生長的根本原因，透露出去世前對政治鬥争的厭倦。這些寫作意圖不通過《外集》提供的寫作時地信息難以發現。

又如《仇池筆記》「字謎」條：

鮑明遠詩有《字謎》三首。「飛泉仰流」者，舊説是井字。又，「乾之一九，隻立無偶，坤之二六，宛然雙宿」，云是桑字。又，「頭如刀，尾如鉤，中間横，四角六抽，右面負兩刃，左邊雙屬牛」，乃龜字也。

此條與《外集》卷四十一「題跋·詩詞」《題鮑明遠詩》（三八二頁）相同。「云是桑字」《外集》作「是三字」，按「三」字是，「桑」作爲謎底難以理解，當爲「三」之音訛。「中間横」《外集》作「中間横廣」，符合謎面三三、四四、五五的字數格式。

又如《仇池筆記》「論董秦」條：

玉川子《月蝕》詩云：「歲星主福禄，官爵奉董秦。」詳味此語，當是無功而享厚禄者。秦本忠臣，天寶末屢立戰功，亦頗知義。代宗時，吐蕃犯闕，徵兵，秦即日赴難，或勸擇日，答曰：「君父在難，乃擇日耶？」後汙朱泚僞命，誅。考其終始，非無功而享禄者，不知玉川子何以有此句？

此條與《外集》卷四十三「題跋·詩詞」《書玉川子詩論李忠臣》（三九二二頁）相同。「秦本忠臣」《外集》作「董秦，李忠臣也」，表述更清楚，即「李忠臣」是董秦的御賜姓名，《仇池筆記》編纂後的文本很容易讓人誤會「忠臣」只是對董秦品性的讚揚；「屢立戰功」後《外集》多「雖麄暴」，與下句「亦頗知義」銜接更緊密；《外集》文末多「紹聖元年十一月二十三日」的寫作時間。

總之，《外集》文本在語意正確性、信息豐富性方面壓倒性地勝過《仇池筆記》，並且在寫作時地、行文格式及語氣等方面都透露出往往被《仇池筆記》删削抹去的劄記隨筆「手稿」屬性，其他條目的文本差異也都體現出這一點。可以就《外集》（尤其是「題跋」「雜記」部分）文本性質得出如下結論：明刊《外集》大體保存了宋本《外集》舊貌，宋本《外集》編纂成書時間在北宋末至南宋初之間，距蘇軾去世不過約二十年，《外集》依據的來源文獻應該是未編入「東坡六集（七集）」的東坡零散劄記手稿，《外集》「題跋」「雜記」類别標識的文字屬性也與此相符。同時，考慮到《仇池筆記》中還具有不見於《外集》的十三條内容，因此《仇池筆記》也可能還採集參考了與《外集》不同的其他文獻，如《東坡先生别集》三十二卷、《續别集》八卷（見《郡齋讀書志·讀書附志》卷下）、《東坡遺編》

（見明刊《重編東坡先生外集序》）等，限於現存資料不足，這十三條暫時還不能準確找到來源，只能等待新資料的發現。不過，就找到來源的占《仇池筆記》體量百分之九十的一百二十四條而言，已經足以説明此書的絕大部分内容來源情况。總之，《東坡外集》與《仇池筆記》「各自獨立」地使用了未編入「六集（七集）」系統的蘇軾零散劄記手稿文獻這一「共同」源頭。不同的是，《東坡外集》保存了手稿原貌，可以據此還原蘇軾寫作場景及其意圖，更具文本「源頭性」；《仇池筆記》爲編纂者隨意改動，屬於「第二手」文本，重要性遠低於《東坡外集》。《東坡外集》乾道重刊本的刊印者在《東坡先生外集序》中説：「編舊集者，或摘取題跋中及詩者，聚爲詩話；或總取雜記與題跋，而目爲《志林》，皆非先生本意。」已經指出了《外集》收録手稿文獻是後人編纂的署名東坡筆記的文本來源，只是没有提及與《志林》情况相似的《仇池筆記》。《仇池筆記》迄今爲止的整理本皆缺乏與《外集》文本比對校勘的環節，應補充這一環節以呈現更好的文本，從而理解東坡的本意與深意。

四、一個旁證：與《仇池筆記》成書情況相似的《東坡志林》

《仇池筆記》與《東坡外集》文本的關係並不是一個孤立現象，與之情況相同的還有署名蘇軾的《東坡志林》。

今存《東坡志林》全部文本並没有以整體性面貌呈現在成書最早、傳承綫索清晰、可靠性高的「東坡六集（七集）」。「東坡六集（七集）」系統中僅有「志林」十三篇，不但收録爲《後集》卷十一，又被重複收録進明代程宗增補的《續集》卷八。「志林」十三篇在今存《東坡志林》三種版本系統中正好以整體性面貌呈現出三種迥異而互補的情況：（一）出現最早的一卷本〔一〕，以「志林」十三篇構成。（二）内容最全的五卷本，「志林」十三篇爲第五卷全部内容，被稱爲「論古」十三篇。（三）十二卷本〔二〕，全無「志林」十三篇，全書内容大致同五卷本的前四卷，略有出入。如圖所示：

〔一〕收録于宋左圭咸淳九年（一二七三）《百川學海》，臺灣新興書局一九六九年據民國十六年（一九二七）武進陶氏涉園影宋本重印，載於第一四册戊集上。

〔二〕明萬曆商濬《稗海》本《商刻東坡志林》，「全宋筆記」第一編第九册，大象出版社二〇〇八年。

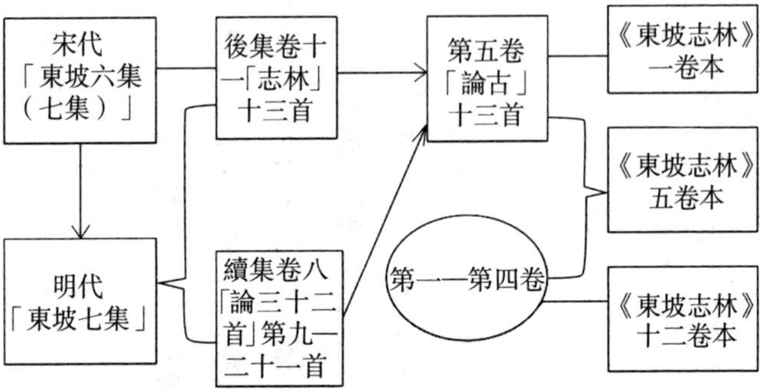
宋代
「東坡六集（七集）」
後集卷十一「志林」十三首
第五卷「論古」十三首
《東坡志林》一卷本
《東坡志林》五卷本
明代
「東坡七集」
續集卷八「論三十二首」第九—二十一首
第一—第四卷
《東坡志林》十二卷本

《東坡志林》五卷本中的第一至四卷，約相當於十二卷本的全部内容（圖示圓形部分），不但在「六集（七集）」系統中找不到文獻來源，在現存「類編大全集」系統中也找不到源自宋代的確鑿痕跡。宋代「類編大全集」今已不存，明刊東坡詩文「類編大全集」有兩個版本系統。第一種爲國家圖書館今藏成化、弘治年間刻大全集本《蘇文忠公集》一百十二卷，僅卷三八「史論」下收録了《論武王》等十三篇（即《志林》十三篇）及《論好德錫之福》等九篇，不獨立成卷，而無其他類似《東坡手澤》性質的《志林》之文。第二種爲明萬曆刊本《東坡全集》一百十五卷以及以萬曆本爲底本的清康熙蔡士英刊《東坡全集》一百十五卷，這一版本系統包含了全部《東坡志林》文本，篇目編次與五卷本《東坡志林》一致。從比勘來看，萬曆刊「類編大全集」，實則參用程宗「東坡七集」的次第，並據萬曆二十三年（一五九五）的《東坡志林》五卷本作校補。既然萬曆刊「類編大全集」中《東坡志林》的内容是萬曆二十三年（一五九五）刊《東坡志林》五卷本的結果而非原因，無法解決《東坡志林》五卷本前四卷的文獻來源問題。因此，只能在「東坡六集（七集）」與「類編大全集」兩大系統之外，尋找《東坡志林》除去「志林」十三篇後的其他内容的文獻來源。

《東坡外集》作爲「六集（七集）」與「類編大全集」兩大系統之外自成體系的唯一今

存文獻，再次成爲追溯的關鍵文獻。通過比對明刊《重編東坡先生外集》與五卷本《東坡志林》，兩書相同條目共計一三一條，占五卷本《東坡志林》一至四卷共一九〇條的十分之七。這一三一條相同條目，異文不勝枚舉，《外集》文本勝過《東坡志林》的情況占壓倒性優勢，這與《仇池筆記》《外集》文本比勘的情況一致。因此，五卷本《東坡志林》一至四卷的文獻來源與《外集》（「題跋」「雜記」部分）、《仇池筆記》相同，來自未編入「東坡六集（七集）」的東坡零散劄記手稿，或者至少是保持了東坡劄記手稿原貌的某種文獻彙編〔一〕。

〔一〕《東坡手澤》就是這一類文獻彙編。南宋寧宗、理宗朝陳振孫見到的《東坡手澤》就是《東坡志林》的早期形態：「《東坡手澤》三卷，蘇軾撰。今俗本《大全集》中所謂《志林》者也。」（《直齋書録解題》卷十一「小説家類」，第三二九頁）周先慎（《東坡志林初探》，《北京大學學報》一九八二年二期）、王水照（《蘇軾評傳》，南京大學出版社二〇〇四年版）進一步推測《東坡手澤》三卷、《儋耳手澤》一卷與《志林》十三首合刊爲《東坡志林》。筆者在此基礎上進一步證明，「六集（七集）」系統之外的蘇軾零散劄記手稿文獻，在蘇軾去世後被編爲《東坡手澤》，南宋初與《志林》十三篇雜糅合編，合稱《東坡志林》，成爲今存《東坡志林》五卷本的源頭（説詳《從手稿到書籍——由〈東坡外集〉看〈東坡志林〉成書源流》，《中國典籍與文化論叢》第二八輯，鳳凰出版社二〇二三年，第一一五—一三八頁）。

不同的是，《外集》保留了手稿原貌，更具文本「源頭性」，《東坡志林》多有删改，屬於「第二手」文本。目前學界所有《東坡志林》整理本皆未曾與《外集》文本比對校勘，也應予補充以呈現更符合東坡本意的文本。

《仇池筆記》與《東坡志林》成書時間、編纂情况相似，皆爲各自獨立從「東坡六集（七集）」系統之外的東坡零散劄記手稿文獻中裒輯材料。兩書編纂者基於筆記體篇幅簡短、重視閒談趣味等標準取捨，選擇範圍自然會有重合〔一〕。《東坡志林》《仇池筆記》條目重出情况從一個側面證明兩書具有相似的成書來源，這一來源正是《東坡外集》據爲源頭的「六集（七集）」之外的東坡手稿文獻。

《仇池筆記》得名與《東坡志林》得名也有相似之處。前人認爲《東坡外集》序所載《仇池集》疑即《仇池筆記》，並與李之儀所説《仇池翁南浮集》（《姑溪居士後集》卷十五《〈仇池翁南浮集〉序》）聯繫起來。這個説法難以成立，因爲李之儀序稱此書爲蘇軾晚年南遷之作，而根據上文所引《東坡外集》所載爲《仇池筆記》遺漏的諸條目寫作時間看，元

〔一〕趙開美《序》指出：「《筆記》于《志林》，表裏書也……兹于曾公《類説》中復得此兩卷，其與《志林》並見者，得三十六則，去其文而存其題。」按，實爲三七則，文繁不録。

豐、元祐時期皆有，並不限於紹聖以後南遷時期。《仇池筆記》得名應該別有緣由。蘇軾去世後，「東坡六集（七集）」、補遺六集（七集）的《東坡外集》、融合六集（七集）與《東坡外集》的「類編大全集」紛紛刊行。《外集》編纂成書時間在北宋末至南宋初之間，大概在東坡去世後約二十年間。《仇池筆記》與《外集》使用了共同的文獻源頭，因此成書時間也距此不遠。考慮到這一點，以「仇池」爲書名的意義也就透露出來了（「筆記」二字標識體裁，是通行語，可以不論）。東坡生前自藏的「仇池石」是他屢次拿來與「壺中九華」相提並論的奇石，見於東坡《雙石》《湖口人李正臣蓄異石九峰玲瓏宛轉若窗櫺然予欲以百金買之與仇池石爲偶方南遷未暇也名之曰壺中九華且以詩記之》《予昔作壺中九華詩其後八年復過湖口則石已爲好事者取去乃和前韻以自解云》等詩篇。蘇軾去世的第二年，黄庭堅寫下《湖口人李正臣蓄異石九峰東坡先生名曰壺中九華并爲作詩後八年自海外歸湖口石已爲好事者所取乃和前篇以爲笑實建中靖國元年四月十六日明年當崇寧之元五月二十日庭堅繫舟湖口李正臣持此詩來石既不可復見東坡亦下世矣感歎不足因次前韻》，以東坡生前牽掛不已、終未獲有的奇石「壺中九華」比擬、悼念他。「壺中九華」既已散逸，與之並稱的「仇池石」最終歸由山谷收藏。南宋理宗朝人趙希鵠《洞天清録》「東坡小有洞天」條記載：「東坡小有洞天石，石下作一座子，座中藏香爐，引數竅正對巖岫間，每焚香則煙雲滿岫。今在豫章郡山谷家，其家珍重，嘗與告身同置一篋。」〔二〕「小有洞天石」就是「仇池石」，語出杜甫《秦州雜詩二十首》其十四「萬古仇池穴，潛通小有（洞）天」。山谷後人將仇池石與山谷告身放置一處，極爲珍視，是將告身視爲山谷紀念，將仇池石視爲東坡化身紀念，這與山谷《壺中九華》詩以石喻人的思路一致。在這一背景下，聯繫《仇池筆記》成書時間緊接東坡去世之後不久，編纂者命名受到山谷悼念東坡詩以石喻人思路的啓發，昭然可見。至於爲什麽用「仇池」而不用「壺中九華」，也好理解。一則因爲「仇池」屬於東坡所有之物，壺中九華只是東坡嚮往而未得之物；二則有可能受到山谷珍藏仇池石、視爲東坡化身事蹟的影響。在這個意義上，「仇池」等於「東坡」，《仇池筆記》只不過是《東坡筆記》的一種更「文雅」的「借喻」表述。零散手稿編成的《東坡手澤》與蘇軾自述的「志林」十三篇的合編本，最終要用與東坡關聯度最高、「自述性」的《志林》爲名，也是同樣道理。

〔二〕趙希鵠《洞天清録》「東坡小有洞天」條，「全宋筆記」第七編第二册，大象出版社二〇一六年版，第二八頁。

五、餘論：文獻研究的核心是「文本溯源」

《東坡外集》屬於「家集」系統，《外集》刊刻者所説「親跡出於先生孫子與凡當時故家者皆在，庶幾觀是集者，并前、後二集，則先生之文無復逸遺之憾」，清楚地指出了《外集》與「東坡七集」相互補充而成爲蘇軾著述總匯的意義。《仇池筆記》《東坡志林》並非出於東坡本意的專書著述，而是東坡去世之後社會上好事者掇拾未被「六集（七集）」系統收入的東坡手稿文獻中較有趣味、篇幅較短的文字，並加以删削編纂而成的筆記之作。東坡名滿天下，生前身後追隨崇拜者不絶，出現這種坊間編纂書籍現象並不奇怪。既然《仇池筆記》《東坡志林》的文本已經是經過改寫的「二手」文本，對作者意圖的保存遠遜於仍保留了手稿面貌的《東坡外集》，重要性當然不如《東坡外集》。

宋代是刻本大量出現的文獻傳播新時代。刻本時代與寫本時代的情況有所不同。寫本時代的文本的不同文獻載體具有同等重要性，直到文本「寫定」（如刻爲石經、頒佈《正義》）才産生權威文獻載體。進入刻本時代，文獻的初版初刻類似於寫本時代的「寫定」，在相當程度上具有了釐定文本的權威性。宋代以前文獻屬於寫本時代，除了出土文獻或極個别流傳有緒的寫本之外，宋前文獻基本上以宋代刊印或重編形態流傳到今天，不存在該文獻「始發時代」的初抄、初刊、初印形態，這使得宋前文獻研究在傳統上更加注意文本溯源問題〔一〕。相較于宋前文獻，宋代文獻由於能相對清楚地追溯、甚至接觸到文獻的初刊初印本，因此更重視版本溯源，相對而言就忽略了文本溯源問題。其實，宋代文獻以刻本方式存世，造成流布數量大的優勢，再加上元明清三代以遞藏、遞修重印、重編新刊等方式直接延續宋代文獻流傳，因此宋代資料保存幾率增加，只是保存方式會靈活多變，可能以其他形態的文本面貌出現在不同類别屬性的文獻中。只要注意到這一特點，通過比對不同文獻中相近内容的文本，就能够區分文本的編纂、改動層次。文獻學研究具有目録、收藏、版本、輯佚、校勘、辨僞等不同環節，儘管每一環節都獨立發展爲一個内容涵蓋廣泛的研究門類，但它們的共同目的都是求得作爲載體的文獻所承載的文本真際。在這個意義上，文獻學「目

〔一〕如《唐才子傳》雖由元代辛文房編纂，但涉及唐代史事，《唐才子傳校箋》盡可能找出每條文本的唐代文獻源頭（五代、宋人編兩《唐書》等可以寬泛理解爲出自唐代文獻源頭）。《册府元龜》雖由宋人編纂，但涉及宋前史事，《舊五代史新輯會證》由此溯源作爲《舊五代史》源頭的五代《實録》文本。

録、收藏、版本、輯佚、校勘、辨僞」諸研究環節應該歸結到「文本溯源與辨流」目的，尤其以「文本溯源」爲核心。輯佚、校勘、辨僞屬於文本「片段辨識」、文本「比對」與文本「歸屬判斷」，指向「文本溯源」是很明顯的。作爲「文本」載體的「版本」研究，作爲「載體（版本）的載體」的「目録」「收藏」研究，既包含「文本溯源」層面，也包含「文本辨流」層面，而「辨流」最終目的仍是要「溯源」，從而獲得最能傳達寫作者意圖的文本原貌。可以説，文獻研究的意義是描述「文本」的原貌與演變過程，文獻學傳統諸環節是研究文本原貌及其演變的輔助手段，從研究文本演變的目的最終也是要回歸文本原貌這一點看，文獻研究的核心是「文本溯源」。

回到本文論題，通過對《東坡外集》成書過程及其在東坡著述中地位的重新發現與定位，《仇池筆記》的文本被追溯到《東坡外集》，從而將限於現存資料難以解決的《仇池筆記》版本（「演變」）問題，轉化爲東坡手稿文本原貌（「溯源」）問題。也就是説，相對于文本源頭（《東坡外集》）而言，文本演變（《仇池筆記》版本流變）重要性降低，成爲次要問題。宋代之後，在《東坡外集》流傳性不廣的情況下，《仇池筆記》（以及《東坡志林》）以筆記體裁類型承載的「第二手」文本，爲傳播流布東坡逸文逸事發揮了較大的作用，功不可没；過去將《仇池筆記》（以及《東坡志林》）作爲東坡逸文逸事的源頭文獻利用，客觀上確實受到文獻流布的歷史因素影響，可以理解；對《仇池筆記》版本及其内容條目流變的考察，有助於推求《仇池筆記》文本的演變過程及其成書之後被利用的情況，同樣具有客觀價值，不能抹殺。但是《仇池筆記》版本問題受現存資料限制難以徹底解決，在《仇池筆記》版本没有出現可以利用的新材料之前，將研究重點轉移到由東坡手稿形成、編纂態度較爲嚴謹、可以視爲與「東坡七集」具有同等重要性的《東坡外集》上，可以另辟途徑，推進蘇軾文獻與文本問題的研究〔二〕，這既是面對版本研究資料限制的一種靈活策略，更符合文獻研究諸環節「文本溯源」的核心訴求。

原刊於《文學遺産》二〇二二年第二期

〔二〕對《東坡外集》文本其他方面的研究，參見曾祥波《被忽略的現存最早東坡詞集「〈東坡外集〉收録詞」考論》（《中華文史論叢》二〇二一年一期）、《宋刊東坡集源流與價值發覆——以〈東坡外集〉與傅增湘舊藏〈蘇文忠公集〉收録詩爲線索》（《文學遺産》二〇二三年五期）、《從手稿到書籍——由〈東坡外集〉看〈東坡志林〉成書源流》。

唐宋史料筆記叢刊　書目

桯史
〔宋〕岳珂

游宦紀聞　舊聞證誤
〔宋〕張世南　〔宋〕李心傳

鐵圍山叢談
〔宋〕蔡絛

四朝聞見録
〔宋〕葉紹翁

春渚紀聞
〔宋〕何薳

蘆浦筆記
〔宋〕劉昌詩

鶴林玉露
〔宋〕羅大經

湘山野録　續録　玉壺清話
〔宋〕文瑩

泊宅編
〔宋〕方勺

老學庵筆記
〔宋〕陸游

西溪叢語　家世舊聞
〔宋〕姚寬　〔宋〕陸游

石林燕語
〔宋〕葉夢得　〔宋〕宇文紹奕考異

雲麓漫鈔
〔宋〕趙彦衛

鷄肋編
〔宋〕莊綽

清波雜志校注
〔宋〕周煇

建炎以來朝野雜記
〔宋〕李心傳

麟臺故事校證
〔宋〕程俱

師友談記　曲洧舊聞　西塘集耆舊續聞
〔宋〕李廌　〔宋〕朱弁　〔宋〕陳鵠

墨莊漫録　過庭録　可書
〔宋〕張邦基　〔宋〕范公偁　〔宋〕張知甫

侯鯖録　墨客揮犀　續墨客揮犀
〔宋〕趙令畤　〔宋〕彭□

北夢瑣言
〔五代〕孫光憲

南部新書
〔宋〕錢易

范成大筆記六種
〔宋〕范成大

容齋隨筆
〔宋〕洪邁

封氏聞見記校注
〔唐〕封演

開元天寶遺事　安禄山事迹
〔五代〕王仁裕　〔唐〕姚汝能

朝野類要
〔宋〕趙升

後山談叢　萍洲可談
〔宋〕陳師道　〔宋〕朱彧

愛日齋叢抄　浩然齋雅談　隨隱漫録
〔宋〕葉寘　〔宋〕周密　〔宋〕陳世崇

蘇氏演義（外三種）
〔唐〕蘇鶚　〔五代〕馬縞　〔唐〕李匡文

〔唐〕李涪

教坊記（外三種）
〔唐〕崔令欽　〔唐〕李德裕　〔唐〕鄭綮

〔唐〕段安節

丁晉公談録（外三種）

〔宋〕潘汝士　〔宋〕夷門君玉

〔宋〕孫升口述　〔宋〕劉延世筆録

〔宋〕孔平仲

奉天録（外三種）

〔唐〕趙元一　〔唐〕佚名　〔南唐〕尉遲偓

〔南唐〕劉崇遠

靖康緗素雜記

〔宋〕黄朝英

夢溪筆談

〔宋〕沈括

愧郯録

〔宋〕岳珂

錢塘遺事校箋考原

〔宋〕劉一清

曾公遺録

〔宋〕曾布

儒林公議

〔宋〕田況

雲溪友議校箋

〔唐〕范攄

嬾真子録校釋

〔宋〕馬永卿

王文正公筆録

〔宋〕王曾

王文正公遺事　清虚雜著三編

〔宋〕王素　〔宋〕王鞏

酉陽雜俎

〔唐〕段成式

新輯實賓録

〔宋〕馬永易

志雅堂雜鈔　雲煙過眼録　澄懷録
〔宋〕周密
大唐傳載（外三種）
不著撰人　〔唐〕張固　〔唐〕李濬　〔唐〕李綽
劉賓客嘉話録
〔唐〕韋絢
唐國史補校注
〔唐〕李肇
唐摭言校證
〔五代〕王定保
賓退録
〔宋〕趙與旹
北户録校箋
〔唐〕段公路　〔唐〕崔龜圖
仇池筆記校證
〔北宋〕蘇軾